從心相信愛

羅乃萱

從心相信愛

作者／羅乃萱
策劃編輯／伍詠慈
美術設計／鄺穎殷
出版發行／突破出版社
香港沙田亞公角山路33號突破青年村
電話：2632 0000 傳真：2632 0388
電郵：breakthrough@breakthrough.org.hk
網址：http://www.breakthrough.org.hk
http://www.btproduct.com
承印／海洋印務
2014年7月初版1刷
2014年10月初版2刷

Writing About Love

by Shirley Loo
First Printing, First Edition, July 2014
Second Printing, First Edition, October 2014

Printed in Hong Kong
ISBN 978-988-8246-28-1

本書文章輯錄自《等他情願》、《戀戀不休》、《未到揭盅一刻》，經修訂重編而成。

本書照片由伍詠光先生提供，特此鳴謝。

本書經文取自《新標點和合本》，版權為香港聖經公會所有，承蒙允准採用，特此鳴謝。

誠邀閣下就突破出版社的書籍發表意見

歡迎加入突破書籍 Facebook page — http://www.facebook.com/btbooks.page

本書採用環保油墨印刷

心　理　與　栽　培

關懷、連繫、復和、

溝通、對話……

凝視心之脈動，

直到重新尋獲自己的心。

目錄

戀

忠

慧

序

第一次為媽媽的新書寫序，非常感謝突破出版社編輯給我這個機會。但我心中也有個疑問：為什麼找我寫序呢？追問之下，原來是大家想更了解時下年輕人（也即我的年代）對這本書的看法，畢竟這書也是寫給我們這一代的。因此，我能先睹為快！

跟朋友聊天時發現，他們覺得跟爸媽有代溝，爸媽好像不會明白我們的思想或是現今的潮流。我媽媽是一個追得上潮流的人，在家裏第一個有Facebook户口的人不是我，是我媽媽，由此可見她的先見之明。在家裏最愛嘗試新事物的也是她，因着她愛冒險及勇敢嘗試的精神，讓我不單接觸到不同的新事物，也培育了我勇於嘗試，敢於改變，適應力強的個性。

人生中四個不可或缺的元素：戀、忠、慧、恩，也因着這些元素，才可以編織人間的喜、怒、哀、樂。當中最令我有共鳴感的，可說是「戀」中提及的〈金星遇上火星〉、〈男女總是有別〉。也許是年紀到了，不單自己，連身邊的朋友都在經歷着男女關係當中錯綜複雜的情緒困惑時，這些文章裏的分析感受，彷彿成為自己及身邊人的借鏡。人往往以自己出發去了解別人，抱着不同的期望來到對方面前，以為自己已經盡力去了解，明白了對方，但最後仍導致吵架收場；那是因為我們常常遺忘了一個很重要的真理：男女真的有別。

細讀書中每篇文章，反映了生活中點點滴滴的觀察，讓人有很多反思的方向及空間。讀着媽媽在書中談到愛情友情與人相處及自省的行文，感覺就像她在家中與我閒話家常的聊天般，很細膩，也很親切。深信年輕的你，捧讀此書的時候，也感受到她對年輕人這份關愛與坦誠。在此，誠意推薦給跟我一樣年輕，跟我一樣正在學習明白生命中「戀、忠、慧、恩」四個字的你和妳！

何凝

2014 年 6 月

戀

戀，

讓人有觸電的感覺，

也讓人有相依相繫的傾慕迷醉。

愛人之間單有戀，

很容易醉醒而不知情為何物。

所以除戀之外，

還要懂得兩性相處之道，

了解自己的個性特質，

才能情深路遙。

不要輕易相信愛情

不要輕易相信愛情，以為是一見鍾情的衝動。是某年某月某日某時；在機緣巧合下遇到了夢寐以求的對象，便以飛蛾撲火的姿態奮不顧身前衝。這只是熱情，稍縱即逝，耐不住時日的冷凍。

不要輕易相信愛情，以為一廂情願定能愛感動天。愛是互動、雙向的，不能勉強，要等對方情願。勉強打動的，是攙了點憐憫，不純粹的愛了。

不要輕易相信愛情，以為有了它就有了生命、有了盼望、有了方向；有時，可會適得其反。愛情會無端將你拖進此生最死寂、最絕望、最迷失的日子中。

不要輕易相信愛情，以為那是玫瑰花加巧克力加「天長地久」的名錶再加些什麼。這些都是商業社會的技倆，起初哄哄可以勉強奏效，日子久了，還是忍耐、包容、寬恕管用。

不要輕易相信愛情，以為那是說百句「我愛你」便足夠。第一次說，可能驚心動魄，震撼人心，說多了，會變成口頭禪，隨隨便便的，像說早晨晚安般。甚或，走到另一極端，一句也不敢說了。最後，也搞不清楚什麼是真情，什麼是假意。

不要輕易相信愛情，以為那是老少咸宜的玩意。你要有成熟的心智，甚至合宜的生活環境，才能承載愛的豐盈與激動。又別以為年齡的相差不是問題，五、七年之差當然可以，但一老一少或差之二、三十年，來參加這場考體力、腦力、努力、心力的愛情長跑，又要顧及雙方的家人、別人的眼光，容易顧此失彼，後勁不繼。

不要輕易相信愛情，以為抓住了驚喜便抓住了一切。

意想不到，卻又正合心意的一份禮物、一個電話、一句令人

心靈悸動的話，都足以令人魂牽夢繫。

但小心，驚喜源自敏銳的心，敏銳的心總多疑多慮，多疑多慮自會誤會叢生，驚喜可以一夜間化為驚恐。

不要輕易相信愛情，以為這只是個人的事。真正的、恒久的愛，源於兩個心靈的相融，踏出一己的界限，融入彼此相屬的新世界。不肯踏出這步時，只會原地踏步，體會不到愛的落實。

不要輕易相信愛情，以為這只是一場追逐。追到手，便束之高閣，有空拿出來欣賞把玩，那你便是在鄙視愛情，愛情也會鄙視你。

不要輕易相信愛情，以為像童話故事般，天天羅曼蒂克，日日愛呀愛的。到頭來卻頓悟，深厚的愛情，是埋在洗碗水裏、眼淚中、生命最幽暗的地方。

不要輕易相信愛情，要保守你的心勝過保守一切，因為一生的愛都是由心發出的。

一顆失戀的心

親愛的M：

在這個如癡如謎的夜深，接到你不住飲泣與質問的電話，使我久久不能釋懷。

M，如果想哭，就恣狂地哭個夠吧！眼淚雖然不能挽回逝去的種種，但總可以宣洩一點現在的積鬱。

你問，昔日常說對卿朝思暮念，矢志不渝的是他，今日說清醒與不清醒之間都遺失了那份激情的也是他；昔日冒着寒風凜冽，送你一條圍巾保暖的是他，今日迂迴走避，視作陌路的也是他……

你的「怎麼」，更教我不知如何解說，因為情愛二字，從來都是不可理喻的。愛得癡癡迷迷的時候，情人的每一句話都是甘甜，就算不言不語也可心靈互通。至情逝愛淡，欲留難留，欲斷難捨之際，話語都成了直刺心房的利箭；誓言化為謊話，每次相會總帶着某種等待判刑的心情，生怕說錯一句話，那無情的劊子刀就會砍斷那段關係。故寧願閒話家常，不着邊際胡扯，為要保留那點愛情空間。M，你的用心良苦我是明白的，但他知道嗎？又或者，知道了又能怎樣，可以改寫你們的歷史嗎？

你苦苦追問，一個失戀者應怎樣活下去，一個撕裂破碎的人生又怎可以再完整起來？坦白說，M，我不同意你的看法。

首先，我抗拒用「失」戀去形容一段感情的結束。在感情的天秤上，誰失誰得，實在很難計算。我倒相信愛情是一條漫長的路，有些人走得快，有些人走得慢，追追逐逐間，都是一個個自我發現的過程。從這角度看，每趟感情的完結，都是對自我有更真實的認識，仔細看見自己的溫柔與暴烈，寬容與嫉妒，想佔有又想放手……種種優劣根性在最親密的人面前均無所遁形。能夠這樣透徹認識自我，又能面對接納的話，就算「得」多於「失」了。

再者，一份變了質的感情，猶如一杯變了質的牛奶，怎樣再攪混溶和，也只是一股酸澀，怎樣也不能還原昔日的甜美細膩。既是如此，又為何戀戀不放呢？M，情變這回事，最好誰也不要怪誰，誰也不一定欠了誰。只是事到如今，大家看清楚了，焦點也校正了，一切由模糊浪漫，變為清晰實在而已。能這樣看，你也許發現，人生的路仍是無限寬廣。

最後，我更相信時間的洗滌。隨着日子的遠去，有日你回頭再看，似乎這丁點兒挫折不再是那麼惡形惡相，即使偶然憶起自己那張淚痕斑斑的臉，也可以一笑置之。到了某個日子，一切無形的、有名的，都找到了一種註釋。

至於剩下的日子怎打發？其實，你應該為那一大把時間而慶幸。慶幸自己還年輕，還有青春可以浪擲，還有生命可以投資：上課進修，出國留學，找朋友聊天⋯⋯當然，也包括再談戀愛。只要你堅決不讓沮喪灰心去繼續戕害你的情緒，不亢不卑地走出這感情的幽谷。

還記得你送給我的杜斯妥也夫斯基（Dostoyevsky）的書上

那句話嗎？「你居然能夠同時使你的理性和你夢裏洋溢着的各種明顯的荒唐性和不可能性調和一起……」

誰沒有經歷過感情的錯失呢？能承認接納，本身就是一種理性。而有一天，你能將人生裏的理性與荒唐調和得濃淡適中，生命便化作一杯「嗒落有味」的醇酒。

M，慢慢調和吧，我深信，你一定行的。

你永遠的朋友 S

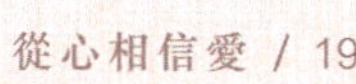

金星遇上火星

有本書說，男人是從火星來的，女人是從金星來的。在地球上，這兩位外星人遇上了，深深相愛，共墮愛河。最後，大家都忘了自己的身分。於是，衝突、對罵，由此掀開……

這個比喻聽來荒謬，再想下去，卻愈覺有理。特別在一個女人情緒低落的時候。真是很難解釋，因為連自己也摸不透情緒為何如此起伏。除了生理因素外，有時真說不出所以然。只是，若她心裏那股抑鬱煩躁向那個他傾訴，就是金星撞火星的時候：

女：「我很不開心。」

男：「為什麼？不開心一定有原因。」

女：「一時也不知怎說。」

男：「你要把整件事攤開來，看看出了什麼問題、有什麼解決方法才行。為了什麼事不開心？」

女：「你以為我不開心的只是小事……」

世紀之戰，由此爆發。兩性為什麼會這麼容易一言不合？那是因為兩性處理問題的方式迥異：男性視問題為必須解決的，女性則重感受的分享交流。

所以，當一個女人情緒低落的時候，親愛的男士們，請別向她追根究柢、問明原委、提供解決方法。那個時候，她需要的，只是一對感同身受的耳朵、一顆同感（empathy）的心。請安安心心讓她找金蘭姊妹傾訴去。在你看來，問題可能愈傾愈鬧大，一傳十、十傳百，不得了；對她來說，跟相熟的姊妹說呀說、罵呀罵的，火氣很快平息了，難題的黑巷也漸現曙光。

那男士一定會問，我可以做什麼？可以做的多的是，攬一攬、抱一抱她，拍拍她，由身體語言傳達你永無止息的關顧。

當然，咱們姊妹們也得明白，一個男人情緒低落的時候，是萬萬碰觸不得的。不信，留意以下對話：

女：「你為什麼沉默寡言，有什麼事不開心嗎？」

男：「冇事，OK 吧。」

女：「你的樣子告訴我你有，到底什麼事？……」

未幾，男的一言不發，跑出廳看報紙。

原來，專家説，天空的飛鳥有竇，地上的男人也有個洞。在他情緒低落的時候，他會悄悄鑽進自己的洞穴裏（如看報紙，玩電腦），待把問題想得一清二楚，再從洞中跑回現實。男人絕少向他人（不論男女）剖白心事，除非他需要尋求別人的意見。他喜歡自己解決問題。

所以，專家建議，當一個男人情緒低落的時候，切勿連珠發問，那只會使他趕快縮回自己的洞裏。女人只要耐性在洞口等候，待他搞通思想，便會快快歸回你身旁。

如果天下男女能徹底搞清楚這些兩性心理，火星撞金星的鬧劇便可從此在地球上落幕了。

只是，這是個遙不可及的夢想？

男女總是有別

男性剛強，女性柔弱；

男性獨立，女性依賴；

男性理性果斷，女性感性猶豫；

男性以事業為重，女性以愛情為主；

男性粗心大意，女性細心溫柔……

在一個公開場合裏，列舉了上述五項男女特質，請在座男女舉手表態，結果贊同此種以特質定性別的，仍大有人在。

坦白說，在這個年頭，這「調查」結果實在令人詫異。

難道我以為今時今日，男女已沒什麼分別，我們已步入中性人的社會？

也不是這樣說，而是隨着女性教育及就業機會增加，兩性平起平坐的社會裏，男女兩性的界限已逐漸模糊。

先說外表、打扮吧。以往，愛美是女人的天性，女人好像生下來就愛穿裙子，愛塗脂抹粉。但今時今日，男性也愛美容做facial，愛「姿整」、重形象，甚至開始穿裙子呢！

那，陽剛與柔弱的氣質呢？不錯，由林黛玉至阮玲玉，女性素來被塑造成柔弱可憐，楚楚可人的樣子。但電視廣告，不是也有昂首挺胸、肌肉結實的女划艇選手或健美小姐，以積極進取的女性形象出現，正好展示了女性陽剛的一面。又或者，看看立法會裏的女議員，辯論起來，不都是邏輯理性、頭腦清晰、積極主動，甚有大將之風嗎？曾有人問某位女議員，以一個女流之輩，躋身男性霸權的政治世界裏有何感受？她說:「照樣辦事。反正，我的同僚從不以我是『女性』相待，只當我是個人，是xxx。」言下之意，人家看重的是你的實力知識，而非性別角色。

那，感性理性呢？曾幾何時，眼淚是女性的專利，男兒縱有淚也不敢彈。今日，有人說要解放男人的感情世界，男兒流淚也

不再被視為恥辱了。……而不少女性卻因工作角色的改變，被塑造成更堅強鎮定，更懂精打細算，考慮周詳，才冷靜作抉擇。

顯而易見的是，在這個性別角色轉型的大氣候籠罩下，女人先改變了，每件事情的看法與處理也改變了，所以男人也被迫要面對這個新局面。

於是，有人擔憂起來：不得了啦，將來的男人會否愈來愈優柔寡斷，愈來愈無主見，怎辦？那，他可以娶一個精明果斷的妻子，互補長短，不就可以了。

將來的男人回到家中，再沒有熱騰騰的飯菜，再沒有人拿拖鞋給他穿，日子豈不好難過？也許，男人該學學煮飯了，嫌麻煩的話，兩口子去外邊泡館子，做其「無飯」夫妻也行。

再執拗下去，每個疑問總會有個答案，每個難題總會有出路。問題只在，你願不願意。

不錯，男女仍有別，體形、聲線、溝通方式……仍不同。

但，兩性在事業、家庭的角色，個性的特質上，已愈見接近，彼此同化了。有人會問，將來的男人會否不像男人，女人會否不像女人？我卻會從另一角度看，將來的男人更溫柔體貼，女人更自主獨立，大家互補長短，正是步向更「完美」的組合，又有何不妥？

男女的外星話

阿根廷漫畫大師季諾（Quino）曾以兩性的角度，繪畫兩者對婚姻的異同：一幅從女士角度出發的，男女的婚禮是在銀行大廈外舉行，新郎一按鈕，賬單會自動印出來，大概是在女性心中，嫁夫等於安裝了一部自動提款機吧。另一幅更有趣，新郎挽着新娘步入房門，而新娘手中拿着的，不是鮮花一束，而是一束家用電器的插頭（連線），大概寓意男人討妻，其實是想討一部全能萬用家庭電器吧。

季諾的比喻幽默抵死。現實裏，兩性的溝通方式，也確是南轅北轍。特別在親密關係裏，兩性不同的表達方式，更常令關係陷於離合邊緣。

曾有調查認為，女性說話的輸出量遠較男性為多，其實不然。有位學者做了一個實驗，請參加者對着一幅名畫發言。結果發現，女性平均只講了三分鐘，男性卻可達十三分鐘，顯示男性比女性話多。這也只是片面之言。

話題各異

男女話不同，最不同是可以滔滔不絕的話題各異。男性愛談的，不外工作、政治、時事、體育、汽車等；女性則較愛說說別人的故事，分享別人的樂與怒，離不開關係、感情諸事。試過多次觀察，會議中發言宏辯的多屬男性，女性在會後的交誼時才會生龍活虎，絮絮不休起來。曾認識一位男性，私下聊天是有一句沒一句的搭訕，然在公開會議上卻可以宏辯滔滔發言達一小時之久。所以，千萬別說男人寡言，得先看看他在啥場合，談啥話題。

兩性對事情的描述也迥異。男性傾向於簡潔、準確和直接。想問他剛剛發生了什麼事，他會很準確地交代了時地人原因結果，但常點到即止，絕少涉及個人感受。女性卻愛說故事，一件平平無奇的事，她可以把它講得繪形繪聲，鉅細無遺，使聽者恍如親臨實境般。但女性在親密關係裏，對自己的想望（want）卻通常表達得模糊，常常讓男性猜謎，摸不着頭腦。比方說，明明想兩個人到石澳吃頓燭光晚餐，卻絕口不提（或說無所謂），盼對方在你眉目眼眸裏，窺探出那份對海邊燭光晚餐的渴望。男性的精簡發言本是好的，但偏偏在女性心情壞透、情緒煩心、最需要別人慰藉時，卻簡短發言，等於在火上添了油，雪上加了霜。

溝通目的

這也許與兩性看待溝通的目的有關。在男性世界裏，溝通代表着要解決問題，交換資訊。君不見與辦公室內的男士交談，多是交換一下「文件夾」或索性電郵交代，就算辦公室打招呼時也只說說一些策略決定，彼此拍拍肩膀便散開。女性卻非如此，溝通本身就是一種關係的凝聚，你一言，她一句，再多加兩三個「她」也無妨。女性透過溝通，對別人增加了解，也增進了彼此的關係。若聊的是瑣事，當然會愈講愈興奮，愈講愈七情上面；若聊的是苦惱，便會愈講愈清晰，愈知道發生了什麼事，為何這麼生氣。難過的是，當一個苦惱的女性碰上一個愛解決問題的男性，可能出現以下對話：

男：「有什麼事？」

女：「不開心。」

男：「為何不開心？」

女：「工作上有點困難。」

男：「那便辭工好了。」

男性以為「辭工」便是最好的解決方案，其實女性只想與他分享一下工作的辛勞，呻呻怨氣而已。這段對話因雙方期望不符，自然也沒有下文。

彼此欣賞

更有趣的發現是，在溝通中，女性使用的助語詞，如「嗯」、「噫」、「好」、「呀」……等，通常會較男性多。這些都是表達積極聆聽的回應。難怪，坊間總說男人愛向女人傾心吐苦，皆因女性較懂積極聆聽。此外，在說話的結語，女性也不時加插如「對不對？」、「好不好？」等較徵詢客氣的辭彙，迥異於男性較肯定鐵據般的語言，也較易使人打開話匣子繼續給予意見。

有專家建議，兩性雖然溝通的目的、表達都不同，但卻是可以彼此欣賞的。只要男性緊記，把人際、感受的話題加進說話內容，多用積極聆聽式助語詞的回應如「啊」、「唔」等，自然會讓女性覺得備受了解、尊重。女性則緊記，說話有時可以簡單明確點，特別提到個人需要時，更可直話直說，避免拐彎抹角。這樣，男性才不用誤猜誤撞，致誤會重重。

世上無難事，只要雙方願意積極聆聽，坦誠表達，溝通之門總會常開的。

當女人回到伊甸園

那日，與女友聊天，她一開口便問：「你工作那麼忙碌，怎有時間來幫助丈夫的工作？」因她知道外子是一位牧者。

我愣了一下，反問：「為什麼你不去問他同樣的問題？」她滿臉尷尬地說：「問你較理所當然嘛！」

這句不假思索的理所當然，背後其實隱藏着一個兩性不平等的框框，一個以男性為中心的世界觀。在這個框框內，男性是那個軸心，女性只是依屬者；若離了「他」，女性便沒有獨立存在的價值與意義。

這個觀念引申在家庭裏，就是傳統以來，「男主外、女主內」的角色定位。這六個字的簡單含義不外是：「重要的事由男性來決定，其他雞毛蒜皮的小事讓女的去管好了。」所以在家庭裏，男性永遠是那個下班便蹺起二郎腿看電視的主人；女性就是那個圍在他身邊服侍他起居飲食，照顧他的婢女。

引申在社會上，女性就是被男性觀賞的性對象（sex object）或工具。無論街上三級電影的海報，或電視上的廣告，總離不開以女性的袒胸露背作招徠；而傳媒電視所舉辦的什麼選美大賽，也是以女性的身材、樣貌這類從男性角度出發的標準作為評定國色天姿的準繩。

在這樣一個世界觀裏，女性不被視為一個獨立的個體，她的個性、興趣與取向都是環繞男性衍生的。她的一生早被命定：結婚、生子、養育孩子⋯⋯直至終老。若有人不按此「正路」而行，即被視為不完整、有問題（可不是嗎？我們常譏笑那些嫁不出的女人為「老姑婆」、「剩女」，而男人也可因為妻子無所出有個找「小老婆」的藉口）。這個價值體系裏，女性沒有結婚或不結婚的自由，沒有生孩子或不生孩子的自由。而男性作為「既得利益者」，一定樂於追隨這套理念。

然而，上帝的心意在《聖經》中記載得非常清楚。〈創世記〉便為兩性關係描繪了一幅很美麗的圖畫。上帝在創造男女及世界以後，是「看着一切所造的都甚好」。在上帝眼中，不論男女都是好的、完整的，不會因沒結婚生子而有所欠缺。而祂更說：「『因此，人要離開父母，與妻子連合，二人成為一體。』……既然如此，夫妻不再是兩個人，乃是一體的了。」(〈馬太福音〉十九 5-6) 這裏的兩性關係再沒什麼主客、尊卑之分，而是彼此尊重、彼此接納，在愛中彼此同行。

幸而，隨着婦女受教育的機會漸增，男女平等的問題也愈來愈受社會的重視。但討論的重心似乎仍環繞着法律上的平等——女性已可走出廳堂與男性同工同酬，又或可與男性一同穿西裝打領帶。真正的平等，不是一場兩性權力鬥爭的結果，而是回復創世時代兩性關係那種共存共容的和諧。

記得，那趟談話後不久，女友給了我這樣一個回應：「謝謝你提醒我從另一角度去思考問題。」她笑言自己如當頭棒喝，如夢初醒；原來，女性的命運一直被別人支配擺佈並不是理所當然的。依我看來，邁向男女平等的長路，除了男性的攜手合作

之外，更重要的還是女性的覺醒。咱們姊姊妹妹願意站起來的時候，便是離伊甸園的美景不遠矣。

女人的戀戀不休

女人對物件的戀戀難捨，幾乎是與生俱來的天性，而且，年齡愈大，對舊物的眷戀也愈深。

母親生前，衣櫃裏總藏了十多套有數十年歷史的套裝和外衣，首飾盒裏還有六十年代的耳環。收藏的目的，除了曾是心頭愛捨不得丟掉以外，還相信：「有一天，潮流興復古，衣櫃裏的旗袍又可再成為『時裝』了。」的確，亡母那幾襲白光時代的旗袍，跟《花樣年華》裏張曼玉穿的，真有幾分相似。

如果說男人的眷戀舊物只是一種純粹的買賣行為，賺夠錢往古董店尋回一點舊時代的標記，那女人的戀戀不捨卻像是一個釀酒的過程，把身邊值得保存的信物放在百寶庫內，讓它與回憶摻雜醇化，以解睹物思人之渴。

本來，這都是良好的習慣，把情人送來的蠟燭、家庭照、第一本存摺、童年玩具等收藏起來，再留給後人，一代接一代的文化承傳下去，多有意思。

我留給女兒的，便是一把硬鐵造成的玩具手槍，裝上「啪啪紙」扣打起來，槍聲幾近亂真。我告訴女兒，這是媽媽昔日扮「女殺手」時用的。看她邊聽邊看那把鐵槍的紅皮手柄，愛不釋手，那是一種難以言喻的相連感。

另類邏輯

然天下女性不都是如此。曾見過幾位年老的婦女，戀戀不棄舊物之餘，還對可棄應棄的日常用品（甚或食品）也如珠如寶對待。某朋友的媽媽便最愛把過期的罐頭食品留住，她的邏輯是不相信「過了有效期限便無效」這說法，把餸菜留至三、五天的更是常有。最有趣的，是朋友到一位年老的太太家裏度宿，推門進房一看，赫然發現報紙是牀套；飯桌一看，報紙是桌布；跑到浴室一看，報紙是浴墊。我笑說，老太太大概太愛報紙了，怎也捨不得丟，要站着坐着躺着也看到它。

側看女人對物件的戀戀不捨，會欣賞她節儉的美德，以及那一套留住舊物的另類邏輯。然最令人束手無策的，是女人對情感關係的緊緊不放。

欲斷難斷

記得電視連續劇的一個片段：

兩位女角都有各自的男友，一位教游泳，一位教書法。但與男友關係曖昧不明的時間，一個不敢踏足泳池，一個也不敢提筆練字。她們的不敢，正是寓意着對關係的欲斷而不想斷。

難忘有次與友人在喝下午茶，餐廳突響起懷舊的情歌，女友的神情突變呆滯，一語不發，像在凝神聽歌，嚇得我奶茶也不敢放糖，陪着她在怔忡發呆，漸漸，瞥見淚水從她眼角滲出。她聽了一首情歌，便哭了。

事後她告訴我，這是與舊男友訂情的歌。分手以後，她每逢聽到這首歌，都會轟轟烈烈地哭一場。如今，只一兩滴眼淚，算

復元得不錯的了。

說的也是。

一種告誡

世界上最難當的談判家，除了是生死關頭勸說命懸一線的自殺者別作傻事外，便是勸要結束一段情的女主角揮慧劍斬情絲。

女人跟男人分手，很少會乾乾脆脆的（除非是對方有了第三者），否則，總會拖拖拉拉，牽扯一番。

G明明白白跟男友說了分開，卻仍會回到家中，等候男友的來電。周圍的人都勸她說：「那個男的一直對你愛理不理，到分手才懂得珍惜，不要也罷。」她卻愛聽不聽，分開一陣子又復合，復合了又分開，都不知演了多少回。

我常夢想自己若有這個本事，定會把《聖經》裏羅得的妻子變成鹽柱的故事，改編成現代版，以作對女性戀戀不休習性的一種告誡。昔日天使勸喻羅得帶妻女逃命，免被剿滅，並告誡他們「不可回頭看」，但羅得的妻子抗命回頭一看，就化成了一根鹽柱。愈留戀便愈會闖禍，似乎是千古不變的道理。

女人的戀戀不休，男人眼裏看為可愛，但當女人午夜夢迴，撫心自問之際，卻可能是個徹頭徹尾想狠心根除的惡習呢！

男人的若無其事

老爸在生的那些年，曾發生過這樣一件事。

話說某天菲傭來電，說老父從樓梯跌了下來，腳踝紅腫瘀黑了，把她嚇得半死。

接電後匆匆趕回老家。

「爸，跌得怎麼樣？」
「還好，不是腫得很厲害。」

盯着他那又腫又瘀黑的右腳踝，懷疑他口中的「不厲害」是個怎樣的病徵治療標準。

「要不要去看看醫生？」

「不，不，再等幾天，看情況怎樣再說。」

幾天過了，「情況」一點也沒好轉。半游說半規勸，終於把父親送到醫務所檢查。

報告一出，右腳踝和腳趾都有點骨折，情況不算太嚴重，大家也鬆了口氣，醫生更循例安慰一番：「只是點小傷，很快便可以康復的了。」

問題便出在「很快」二字，對老父而言，「很快」即是三五七天。自己由於曾受「骨折」之苦，知道起碼也要三至四個禮拜才能完全康復，便嘗試規勸老人，多坐下休息，少走動舒筋。

男人的情感表達

那天再訪，見他撐着拐杖，步履踉蹌，身子左歪右倒的，在客廳走動。

「爸，別走動那麼多，骨折需要多休息，才可復原。」

「你看，我現在走得穩了許多。」他咧嘴微笑向我展示他的「復原」狀態。然話未畢，手一鬆，失了扶杖，身子一倒，幸而旁邊有人攙扶着，否則，又會再跌一跤。

「身子不能靈活走動，擔心不？」來訪的親友問道。

「不擔心，讀讀《聖經》，看看書，就可打發時間。」

「腳還痛不痛？」

「有一點，很快便沒事的了。」

老父的若無「骨折」之事，把我們幾個大驚小怪的兒女們逗得挺安心的。

翌日，再探訪摯友的老父，又是另一個躺在牀上的孤單男人，正等待做電療化療。

「世伯，擔心自己的病嗎？」

「不，不，一點也不擔心。」

「要做的手術療程恐怕不易熬呢！有什麼顧慮掛心的？」

「沒有，一點也沒有，兒女都大了，個個成才……」話匣子一打開，便會絮絮不休講着兒女的成就。

事後，摯友與我都不約而同下了一個結論：男人對於痛苦恐懼等情緒，寧壓抑、迴避，甚至裝作若無其事，也不會溢於言表地流露。

又或者，男性的感情表達，是用行動而非語言的。如一位遭上司責備，帶着憤怒沮喪情緒回家的男人，只會把滿腔抑鬱發洩在摔東西、大力關門或沉默不語的行為上，而不會坦率告訴身邊人自己受屈的事實。

壓抑自己的感情

一本有關男性心理的書《別再男男自語》中，對男性的傷痛與柔弱，有這樣的觀察與描述：

「對一個男人而言，任何失落、失望、失敗或背叛都會隨着

對他產生影響，其深刻之程度和對女人產生的影響是一樣的，不過，由於他很可能通過壓抑自己的感情來對待這種影響，所以，他受影響的程度他本人是看不見的，他周圍的人也看不見。」

所以，當女人想關心男人慰問有加的時候，最常聽到的説話便是「一切 OK」、「無事」、「無問題」，即或逆境臨頭，也只沉默不語，又或挺起胸膛，承擔一切地説些「置諸死地而後生」、「船到橋頭自然直」的話。任何大災大難於「他」，只是暫未找到解決方案的難題，情緒的宣洩表達是幫不上忙的。即或真的有什麼沮喪、憂慮等負面情緒，也只偶如蝸牛的觸角般伸展一下，碰觸到關懷的眼神便又會縮回那「堅強」的軀殼之中。

男人的若無其事，抑或滿懷心事，許多時候是不易分辨的。朋友告訴我，若發現丈夫愈來愈忙碌，愈來愈沉默寡言，便是心事重重的前奏。對男人的若無其事，我也在累積的觀察與閱讀之間，逐漸建立了一套詮釋的方法，直至今日。

在街上行走，右腳踩進一個凹凸不平的小洞，腳踝一扭，疼痛難當，在女兒攙扶下，步履蹣跚地走着。

「媽媽，痛不痛呀？」

「不痛，不痛。」

「媽，別走那麼快，坐下來休息一下吧！」

「不用，不用，我無事的。」

驀地，抽離為一個旁觀者，正視與女兒的對答，驚覺自己竟扮演着另一個「若無其事」的腳傷者。還說什麼男人為了掩飾自己的軟弱無助，故作若無其事，我這個女人還不是做着相同的事嗎？

也許，掩飾自己的無助，根本就是人的天性。

受傷的男人

受傷的男人承認自己受傷的一剎那，得付出無比的勇氣與堅毅。他衷心相信若卸下剛強自信的面具，將喜怒哀樂、愛恨怨癡赤露人前，他會更貼近有血有肉的世界，而自己，也不用再壓抑什麼。事前，他更隆而重之廣邀一些男人參與盛事，但個個都以不能言說的理由臨陣退縮。「算了吧，反正早已習慣孤身上路。」內心即燃起難以名狀的感動與決絕，豪氣萬千地「卸」甲出征了。

受傷的男人先回到辦公室，他以時間與精神押上重注的地方。辦公桌上的文件好像永遠也處理不完，沉重的工作早已把他壓得喘不過氣。想起下午還要處理兩位男同事的糾紛，他的腦袋頓時感到脹脹的。腦海裏浮現二人對峙時的冷言怒目、頤指氣使，還裝作一副照事論事、若無其事的樣子，心裏不禁可憐起他們來。冷不提防上司將一份重寫了兩遍的報告「啪」聲放在他桌上，兇兇地說了一句：「給我好好再寫一遍。」

洶湧紛雜的情緒在內心打滾，念及自己如何鞠躬盡瘁為公司，如何吞聲忍氣承受任何壓力，卻絲毫得不到別人的肯定賞識……愈想愈覺冤屈，眼眶也濕起來。一位女同事走過，見他神色黯然，立刻遞上紙巾。起初，他是滿腔感激地接受，不知怎的，卻總覺不對勁，像是角色錯置了；怎麼堂堂一個大男人竟為芝麻綠豆小事流起淚來，還要女人遞上紙巾？懷着悔意與羞愧，他一個箭步離開了辦公室，頭也不回地走了。

受傷的男人回到自己那個溫馨的家，他與妻子悉心建立的安樂窩。豈料一進門，妻子就朝着他嘮嘮叨叨地說盡東西長短，按往常慣例，他會一手把妻攬進懷裏，說些親密安慰的話。但這趟，他拒絕扮演呵護者的角色，一骨碌坐到沙發上，像隻受盡欺凌的小羔羊般，苦着臉的向妻子說：「我今天好難受啊！」

妻愣了一下，以為發生什麼驚天動地的大事：「你被老闆開除了？」

他和盤托出五味雜陳的感受。

怎知得到的回應卻是：「你怎麼變得這樣情緒化？」

受傷的男人覺得自己被孤立了。

他一心以為，周圍的人會欣賞他的真誠無偽，他可以毫無保留地釋放自己的情緒。事到如今，他才發現別人仍期望自己繼續戴上面具，扮演強者的角色，保護自己，也保護女人。沒有人能接受，甚至他自己也不接受自己的哭笑無常，喜怒立現。他看一看手錶，這個告白大行動還不滿二十四小時。他有點無奈地宣布退陣了。

當受傷的男人不再承認自己受傷的當下，全世界的男人都張臂歡迎他的回歸。

戀，思慕也，

男女相思也，繫念也。

忠

忠，是一種專心的極致。

專注地對一個人，
專注地投入一份工作，
專注地委身一段關係。

但對現代社會來說，
變是常態，是花款，是無奈；

而忠，卻是非比尋常，老土，缺乏新意。

然而，忠於一個人，
忠於自己的工作使命，
就像人把房子建造在磐石上，
才能經得起風吹雨打，
就算被人訕笑，
也無畏無懼選擇站在「忠」的這邊。

信任，最難纏的字眼

泛泛之交，犯不着談信任。惟有上心的人，信任這兩個字才彌足珍貴，分量十足。

「信任」，是親密的人際關係中最難纏的字眼，也是促使人超越自我藩籬的催化劑。

開始時，相交總是美麗愉悦的。逢約必到，逢過必招，逢心事必剖白，是肝膽相照，坦誠相對的蜜月期。

漸漸，歲月廝磨，關係的棱角畢現：

明明約好見面時間，怎麼老是遲到……

明明跟我說的是這套，從別處聽回來的又是另一套……

明明交往坦坦蕩蕩的，怎麼最近連雞毛蒜皮的事也強作隱瞞……

深知我如他，竟會對我說出這般刺人的話……

如此這般，烽煙四起，信任的紅燈亮了。在一片不信任、懷疑、猜忌、嫉妒中，人性幽暗更是無所遁形。

於是——有人以逃避作擋箭牌，從此退縮迴避，不聞不問……

有人勇往直前，孤注一擲，待撞至頭破血流時，再作打算……

也有人亦進亦退，亦守亦攻，讓生命於信任與不信任間拉鋸，靜觀其變。殊不知，此種虛與實，信與不信的辯證過程，才是愛情必經之路。但，憑什麼再信他？

是因為他對前事的種種解釋道歉，是因為他那懇切誠摯的眼神，是因對他沒有前科的清白紀錄……都行。但更深切的信任，可能是源自對人性詭譎善變的接納，甚或體會對方言行背後的點點善意。

是的，out of goodwill，沒有預謀或惡意的傷害，雖然遺憾，卻總有值得討恕的藉口，然而，單體諒也不夠，還要直率表明自己的感受觀察，讓對方知道自己的痛處，日後學會小心碰觸。

信任，不信任；最後一次，不，再給他一次機會；我不是這個意思，對不起……就是如此，教我輕輕跨過自我的屏障，感情也愈磨愈韌了。

抓住，鬆開，停歇

聽過這樣一個故事：

一個小女孩渴想養一隻鳥，央求媽媽買給她。母親愛女心切，連鳥帶籠地携回家。女兒生怕籠中鳥會逃脱，於是打開雀籠的門，將鳥的脖子緊緊揑住，鳥愈掙扎，她也抓得愈緊。結果，小鳥給揑死了。

在人際相處中，這豈非正是我們常在無意間會擺出的姿態。因為曾經失去，所以想牢牢抓住，「佔有」對方。孰不知，抓得太緊時，對方就會逃脱；愈逃，我們也愈不肯放手。

這只會帶來兩種後果：一是對方甘於被囚，二是逼他愈走愈遠。自己也無形中被恐懼所牢禁。隨後，生活的圈子也愈縮愈窄。好像生命的軸心就只有他一個，你為他而生，為他而活。

任何人的鼓勵，都不及他一句安慰。

任何人的責備，也比不上他一句忠言。

凡事以他的對為自己的是，他的錯為自己的非。

任何決定，都要得到他的首肯，才敢昂首向前。

這種牢籠，將你擠進生命的窄巷。沒有他的導引，你會變得寢食不安；沒有他的扶持，你會覺得缺乏安全。

有人說，這是富毀滅性的佔有關係（可見於父母子女、男女、朋友間），以為滿足他人就可以實現自己，以為得着對方的稱許就是對自我的肯定。

「我必須與他分享發生在我生命中的每一件事，我認為這才是完美的關係。」

你真的這樣相信？還是「完美」早變了質，化成習慣性的依賴？你有否想過，在寸步不離的交往下，你所活出的只是他的投射(projection)?

想亟亟抓住，就必會迅迅失去。賠了情誼，也喪失了自我。

除非對方是完人，可堪你完全信任，完全仰賴。只是，除上主以外，世上又哪有這樣的完人呢！

捉住「感情小鳥」的手，請鬆開吧！讓雙方歇息一下吧！

超載

超載的貨車，在高速公路上橫衝直撞，極易釀成意外。超載的情愛，在人際糾纏間是枚計時炸彈，隨時會把你我炸得遍體鱗傷，意志消沉。

所謂超載，就是將過量的情感灌注於某段關係裏面，形成愛之深，望之切，失落感也就愈大。猶如巨岩墜落無底深淵，是種無法掌握拉扯的墜陷。

但，愛豈不是要全情投入，朝夕相對，坦誠相向？人的情感往往如洪濤傾瀉，又豈能說收便收，將過量的情感化成適量？世上，可沒有那麼準確的量情器啊！

真的嗎？其實，量情器就在你我心裏。或許，是源於某段關係的破裂，又或是某個患難處境中的袖手旁觀，棄信忘義的背叛，內心的量情器自會逐漸形成。知道對什麼人、什麼事、什麼處境，該傾注多少感情。

以前，總相信愛情，就是百分百投注，傾心，甚至肆狂不忌憚；現在，倒領略一步一信任，一日一關心，淡淡地，保持距離地愛，慎防超載，才是自己所能應付的。

當然，更要慎防的，是自我超載——即有意無意地引導他人將過量的情感與信任投卸自己身上。以為我就是他／她的惟一同行者，旁觀者，拯救者……諸如此類。把自己無限放大，盛載過於「平凡」的自我所能負荷的，會讓情感的列車在人生路上東歪西倒地橫行，失卻了穩重。

對人超載之心不可無，可是防己超載之心，更是不可或缺呢！

掏心

這個年代，好像已不再流行掏個心出來與人相交了。

因為怕別人看到真正的自己會轉臉不顧，因為怕主動的掏心只是一廂情願的赤露，因為怕人情俱在然時機未屆。

當然，更害怕的原因，是曾被深深傷害。掏個心出來，別人不當一回事，不珍惜、不重視，還隨意踐踏，可真夠你受的了。

所以，曾經受傷的人都學「精」了，要為自己設下一道防線：跟人相處，點到即止，從不越界。受傷愈多，設的界線便愈低，稍一觸及內心世界已屬「擲界」。

很難明白，為何昔日推心置腹、肝膽相照，今日可以仿如陌路，各不相干？

忙嗎？香港有誰不忙。

一時忘了？是真的善忘，還是故作失憶？

距離遠了？搭地鐵，「話咁快就到」。

什麼都是個理由，也不算是理由。難怪最近和一位被摯友中傷的朋友聊天，他淡淡説：算了，何必要找個理由呢？朋友之誼，存在與不存在，都是沒法解釋的。

相識相交，至掏心掏肺，是緣分，也是一種恩典。要解釋，便是多餘的了。

説來也是。

知己無故疏遠者有之，偶然相識深交者也有之。終於在緣來緣去、聚散之間，悟出三道理：日出有時，日落有刻，掏心之誼也是如此。緣既來，受寵若驚珍而重之；緣既盡，揮手瀟灑道再見。只要心寬情真，總有緣緣無盡時。

這使我想起幾位掏心之交。

如S，相識於十年前。昔日的他，才情橫溢，備受眾人愛戴，我還是剛出道的小師妹。他不嫌不棄，抱着提拔後進之胸襟，給我機會，從旁鼓勵，卻從不以長輩之尊自居，此份平等之誼，使我至今銘記。

如M，相識十年前一個營會。她那時還是莘莘學子之一，沉迷創作，與當年熱愛寫作的我因着某點共鳴共通而成深交。記得每年這個時候，我們都會分享心底的一個夢想。這些年來，夢想一個接一個的實現了，只因有兩個愛傻兮兮做夢的人。

如C，怎說呢？論條件、心境，我們的距離都很遠，甚至有點風馬牛不相及。卻沒想到，自己墜落在人生谷底時，第一個伸出援手來安慰我的，就是她。直至近年生命中起伏幽暗的日子裏，因着她真摯的支援安慰與流淚的禱告，讓我重新得着更新的力量。

說到底，掏心之交，就是這麼難測，這麼可遇不可求。

若要刻意尋找，將之程式化、功能化，那掏出來的，便可能不是「心」了。你說是嗎？

尋找安全城堡

小時候，最喜歡玩的遊戲，就是「兵捉賊」。

「點指兵兵，點着誰人做大兵；點指賊賊，點着誰人做大賊」。玩過這個遊戲的人，一定當過兵，也做過賊。在遊戲裏，兵或賊都只是一場追逐，惟一不同的是，賊有賊窩——即俗稱的「舟」。賊「埋舟」（即返回巢穴），兵就沒有權再追。但弔詭的是，賊不可能一輩子躲在「舟」裏，那只是暫避風頭的地方，兵一走開，賊又可以離「舟」，延續一場死纏爛跑的追鬥。

玩遊戲的時候，我喜歡當賊多過當兵。因為做賊的，若腳步快，又掌握到「埋舟」的時機，實在比兵刺激多了。當兵的，因目標太多，東抓抓、西追追，結果一個賊也沒捉着，到頭來多是空手而回，垂頭喪氣的。

這遊戲絕妙之處，乃兵賊追逐多在「現場」的中央，而「舟」則選在四野無人的偏遠之角。要「埋舟」就得加快腳步狂奔，這樣兵才能追擊。

小時候，我們在遊戲中尋找「舟」。長大後，我們嘗試為自己的心靈規劃安全地帶，好將周圍陌生的追兵拒諸門外。

一人一個

一人有一個安全城堡。

有些人的安全城堡，城牆建得高高的，守衛森嚴，任何企圖接近的陌生人，他都會先預設你是意圖不軌。你問他：「今天天氣好嗎？」他會告訴你：「好啊，呵！呵！呵！」你問他：「今天心情如何？」他回答說：「不錯。」你問他：「今天一起吃飯好嗎？」他會說:「別客氣了，有機會再吃！」其實，是沒有機會。他們的安全城堡外，張起了「禮貌」的旗幟，表示他不會得罪你，也不想認識你。君子「免交」淡如水，正是如此吧。

即或有天，你倆打開話匣子，他也許會告訴你他的一些嗜好、興趣、看法之類，然一經透露，他會立刻附加一句:「我的事，千萬不可告訴任何人。」縱使，那只是芝蔴綠豆的生活瑣事。其實，誰會亟亟刺探他的生活細節，然後當情報般轉告別人？在他疑神疑鬼、欲説還休那種不明不白的交談狀態下，你只有對着這座巍峨的安全城堡，望門興歎，卻步了。

有些人的安全城堡牆垣是矮矮的，城門是大開的，無論男女老幼，均無任歡迎，三五七天，城堡就會有歌舞歡宴，大家無所不談，無遮無掩。只因堡主喜歡「坦蕩蕩」的生活，認為「平生沒作虧心事」，也就「無事不可對人言」了。怎料有天，來了一夥心靈的竊賊，一兩句甜言蜜語，就把堡主心愛的祕密花園運走了，你説可不可怕？

一人有一個安全城堡，這是人與人之間相處的底線。但若整天把自己關在堡裏，以為那是最安全，其實等於把自己禁錮，與外界隔絕。愈少接觸別人，愈容易心生疑竇，不信任他人。然把自己赤裸敞開，暴露於人前，任人品評議論，走向另一極端，也會招致遍體鱗傷之禍，更屬不智。

我們的安全城堡要開放有時，關閉有時，客人也必須經過挑選，才能入內。只有這樣，才能使我們住得安全，活得安心。

重門深鎖

米蘭妲·萊尼克（Melinda Reinicke）的《個人成長寓言》*(Parables for Personal Growth)*，就記載了一個有關安全城堡的故事。

從前有一位美麗溫柔的公主，她把自己關在一個城堡的裏面，重門深鎖，任何人也不能內進。

曾經，城堡住滿了公主的親戚、臣子、僕人，但都被公主一一趕走了，因為她不相信有人會真正關心自己，任何願意接近她的人都是有企圖的。

直至有天，她在城堡的地牢裏，發現了一個被禁錮的小女孩。小女孩與公主似活在兩個迥異的世界。公主整日愁眉深鎖，女孩卻是常咯咯地笑，見到陽光會跳舞，見到小貓會逗牠玩，彷

佛生活裏的大小事情都充滿了樂趣。

漸漸，女孩的樂觀熱誠，溶化了公主冰冷的心。小女孩還把一批朋友也請來，起初，公主以冷淡的態度打發了他們走，最終，也在城堡內款待了他們。

故事結束，公主的城堡規矩依然不變，不讓人自由出入，但經她精挑細選的一些客人，可以進內，與她共飲共舞。自此，「溫柔的公主和小女孩仍然安全地住在城堡裏，但是不用再嘗到寂寞的滋味。」

五類人物

末後，還附了一張城堡的藍圖，內有五類人物，可供參考：

危險人物：被阻擋在城牆外，不能內進。

登園入室：可以進入花園和庭院的，是用什麼條件批准，覺得他們值得信任？

廳房之上賓：可以進入客廳甚至睡房，促膝談心，又是什麼人？

被驅逐者：一見到他/她，便覺得不安全，驅之則快的。

最值得信任者：你的心靈城堡內有否這個「最高權力」存在？是上帝嗎？自己嗎？還是……

想清楚怎選擇這五類人，恐怕你的擴建安全城堡工程，將完工有期了。

祕密

隱約記得，女兒踏入青春期後，行蹤詭祕。

有次與同學「講電話」要躲在房間悄悄地談；房門有時是鎖着的，任何人若要進入，得先叩三下門；郵箱裏，發現有小妮子名字的信，她看到會一手搶去……

難道，她有不可告人之祕？

心理學家 Paul Tournier 說過，當孩子擁有自己的祕密時，就是他開始脫離父母，學習成為「個人」（individual）的時機。

對父母而言，是很難適應的，怎麼推心至腹、無所不談的父母與子女，突然沒話可聊？為什麼孩子寧願晚晚與同學死黨「傾電話」、網上對話，也不願向父母吐露半句真心話？

最大的可能是，孩子長大了，需要有私人的空間、私人的時間、私人的夥伴，甚至私人的祕密。

這個人

擁有祕密，實在是件頂有趣刺激的事。

祕密，不一定是昂貴的，又或看得見摸得到尋得着。祕密面紗的背後，通常隱藏了我們鮮為人知的一面，又或不可告人的某些事或情。電影《花樣年華》最觸動我的一幕，是梁朝偉張口對着廢墟中的一根石柱內的黑洞，不停地說話，恍似把前半生的七情六慾、五味雜陳的經歷，都掏空倒在洞中似的。

這正正是祕密的弔詭，你想好好地、密密實實地收藏的同時，卻又亟亟尋找一個可以傾訴的出口（最後找不到，以一個洞代替是最下下之策）。

所以，尋找一個可以完全接納自己的幽暗，無論我有多窩囊、齷齪、陰險、嫉妒、醜惡……他都可以照單全收，有個無條件接受我、鼓勵我、扶持我的人，是現代人底心靈的吶喊。

少年時代，「這個人」比較容易尋得着。志同道合，志趣又相投，聊呀聊的，在某個月明星稀的夜晚，談到自己的成長，談到被父母罵「生舊叉燒好過生你」，談到崎嶇成長路種種不盡如意的憾事，分享彼此祕密的那一刻，兩個陌生的心靈便會瞬間緊扣。

不假外求

年歲漸長，不足為外人道的事也愈來愈多，要找一個可以信賴的知心友，惟有「假外求」——

搖個電話到電台吧，反正主持人不知道我是誰。我可以坦坦蕩蕩地説，他又必須專注地聽，而且有所回應。

揹個電郵給引起共鳴的博客或臉書作者吧，希望他明白並接納我內心的諸般掙扎。

又或，找一個「合眼緣」，又直覺上信得過的，自己生活圈子以外的人，告訴他吧！起碼，世上有這麼一個人知道我底心聲啊！

總之，愈陌生，愈素不相識，也就愈安全。因為他不認識我，也就不能從「已知的我」來量度。同時，他又可以一個「旁觀者清」的角度，為我排難解惑（若你付得起錢，這個「他」可以是一個輔導員）。

擁有祕密是成長的關卡，說出祕密是成長的突破。但如何守住別人的祕密，卻是一項成長的藝術。

祕密有時如鬼魅般，當你從別人口中得到的時候，它亦會蠢蠢欲動，伺機現身，叫你守也守不住。

常覺得守住祕密這門學問，真得多向年長的一輩學習。

兩種人

記得小時候家裏有一個小小的閣樓，上面放滿了許多童年的玩具、陳舊的資料信件。某天，發現了一個長滿鐵銹的餅乾罐子，甫打開，裏面凌亂地擺放了不同形狀的大小照片，有少年的爸、少年的媽，還有許許多多陌生的面孔。好奇心驅使下，立刻遞到父母面前，苦苦追問誰是誰。看到某些照片的當下，眼神觸及了父母沉默無言的面容，使我明白，有些人、有些事，是不可以再尋根究柢下去的。

沉默，是最禮貌的武器，讓那些窺探心靈奧祕者吃盡了閉門羹。

當然，世上也有兩種截然不同的人：一是稍不留神，便吐露口風的；一是守口如瓶，死也不會洩露機密的。

聞說不同國家的人，也有不同的個性。比方說，德國人的窗户，在傍晚時分也不會放下窗簾，好讓街外的路人甲乙丙可以看到他屋內美侖美奐的佈置。相反地，法國人便不同了，不單屋外圍牆高建，就算大白天也會放下窗簾，一副重門深鎖的備戰狀態。

總之，祕密這遊戲，揭開分享有時，沉默守住也有時。在何時何地，找一個最合適的人，告訴對方自己的祕密，這才是個更大的奧祕。

說與不說

別以為話多了一定是了解加深，事實不然。

有些人說起話來，只有自己，口中無他人。說來說去，都只是我的觀察，我的看法。愈聽愈無聊，悶極。這樣的交談，只會縱容他的自戀。

有些人說起話來，則像決堤的洪流，一發不可收拾。你問的只是是非題，他卻給你千百個選擇的答案。他就像一部行走的百科全書，一本有血有肉的人腦辭典。與君一席話，勝讀萬卷書。資訊吞吐量極大，心靈的交融則欠奉。

有些人把談話當辦公，講求時效，務求在最短速的時間，大家你一言我一語，就能解決千愁百緒的人際問題。他們太輕看心靈了，源自內心至深處的剖白交流，又豈受時限地域，甚或指定話題所囿限呢？

心靈的長相，人與人之間的親密關係，往往在最不刻意、最悠然自在、最無拘無束的氛圍下，才能達至。

仍彷彿記得，與初相識的M，由普通朋友變成摯交，也不過是源於那年除夕夜的一場踱步而已。那夜，沒有特定節目，更沒有特定的話題，就是擁着那份百無聊賴，看罷電影又不想回家的閒懶，在城門河畔踏步同行，由未來談到現在，由現在談到過去的成長經歷。慢慢地，深鎖的心門漸敞開了，共鳴共通也順應而生。

在每一場心靈相貌的探索之中，心的釋放是最重要，言語的多寡倒是其次。而心的釋放，有時只是始於一場誤會、一句謊言、一句心有靈犀的契語，甚或自顧自地安靜閱讀再彼此交流，都可以引發更深入的交往。

「不要驚動所親愛的，等他情願。」

現代人有時太心焦，太着意了，意圖親密，卻變成疏離；想多說些話，怎料多言多語，反鑄成多錯。心靈有自己的呼吸，自己的節奏，慢慢探測，等她情願，才能在了解與頓悟中，與彼此的心靈共舞飛翔。

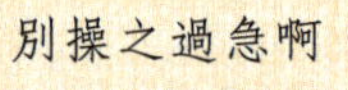

別操之過急啊！

提防露心狂

以前一直以為，人與人相交，貴乎坦率相向。兩個人肝膽相照、同悲同喜，是多美麗的一樁事情。

碰過釘、撞過板，始知坦蕩也得有個限度。

首先，交情不深、認識不夠，千萬別推心置腹。你習慣「有碗話碗、有碟話碟」，人家可能喜歡密密實實、收收藏藏。兩種人一「開」一「閉」撞在一塊，久而久之，你會發覺自己的「外衣」逐件剝落的時候，對方卻在逐件穿上。這種交往毫不過癮。

其次，個性不合，南轅北轍的，切忌以心相向。你觀察入微，心思細膩，敏感多愁；對方卻直腸直肚，字字到肉，句句刺心。你在他面前褪下心靈的外衣，赤裸橫陳，很容易被他萬箭穿心，刺個遍體鱗傷。

再者，一開始交往便熱情似火，急不及待向你陳說自己過去現在未來的坦白狂，最好退避三舍。別以為他第一眼便看中你，向你投信任一票，即歡喜若狂，跟着他一起脫下「外衣」、「內衣」……漸漸，你才發現那是假象。他在耳旁輕輕告訴你的「獨家祕密」，其實他的朋友ABCDE都聽過，到你把心事告訴他的時候，他又廣告ABCDE去了。不錯，他看似很坦誠，無所不談，但盡是別人的祕密、別人的私事。對於這類露心狂（相對於露體狂），最好保持距離，以策安全。

然而，就算真是可以無所不談、深知深交的摯友，有些事情，還是小心坦露為妙。好像，你對他個人的看法、評價。假若對方心靈的外殼脆弱，很容易被你擊個粉身碎骨；許多朋友轉目成仇，就是在時機未成熟時，口出忠言闖的禍。又像坦白若牽涉摯友的愛人的話，更加要慎言，摯友信你，不等於摯友的摯愛也完全信任你，這可是完全兩碼子的事。

最後想提的是，我相信有異性知己的存在；但在異性交往之間，有些事、有些情還是少提為妙，尤其最觸動心弦的，還是保留與同性知交分享好了。男女之間，坦白得來，總得有點屏障。不是我保守，而是見過聽過不少在無意栽花下引發出來的憾事。

坦白直率使我記起一個故事。故事的主角是一對老夫少妻，丈夫是已經年過半百，卻娶得美貌如花的少妻。一日，家中傭人傳報，說少奶奶買了一個「裝得下一個男人」的上鎖大櫃回家，放在房子裏。丈夫聞言，先躊躇了一會，然後跑去追問太太；那少婦直認不諱，丈夫於是立刻叫她把大櫃的鑰匙交出，她不情願地做了。結果怎樣？那丈夫有否追根究柢打開櫃門，找出妻子通姦罪證？

答案是沒有。最後，他囑咐僕人把大櫃抬到花園，埋在地下深處。自此，沒再向妻子提起。及後妻子深覺被丈夫尊重信任，兩夫妻一直快快樂樂生活下去。

這是一個中古世紀的故事，在二十一世紀的今日，似乎有點不可思議，又好像與我們今日的窮追猛打精神不符。但內裏深遠的教訓，對坦白的另一種詮釋：「在最摯愛的人面前，讓對方留有餘地，留有一個私隱的大櫃，才是真正的愛與尊重」，卻更值得我們反思。

無遮的友情

路易士（C. S. Lewis）說，朋友是肩並肩的，以無遮的人格相向。

既是無遮，就是坦蕩蕩，沒有隱藏；長處則嘉許，短處則直斥。是嗎？

曾聽人說，人際交往可分四層：一層是「口對口」，意即純屬「今天天氣好不好」的客套式交往。第二層是「腦對腦」，規限於思維性的分析抗辯，可以由傳媒談到歷史，無所不包。第三層是「心對心」，即傾心吐意，喜怒哀樂皆可共享。第四層是「腸對腸」，即直言敢諫，以肺腑相對，正是句句「到肉」，字字「扎心」。

魏晉時代，名士嵇康為了勸諫朋友，竟不惜以「絕交書」勸諫。然亦因為他太珍視朋友，結果，能留住的也愈少。

聞說，重友情的名人算是早早退休多年的美國籃球名將米高佐敦了。聽說當年他因不能為摯友柏賓謀得更高薪酬，憤而離開公牛隊。這種甘為友人犧牲的精神，正是路氏所言「肩並肩」的寫照。

友情其實是人際關係中最邊緣、最脆弱的。既無承諾約束可言，也無朝思暮想的牽繫。所以，任何人在開始的時候，都會小心翼翼，唯唯諾諾，生怕稍一不慎就將之破碎似的。

回想自己過往的情誼，很多時候都是嘻哈一番便可招聚，拖拖拉拉又散去。然至終使我扭轉思緒，於迷途中醒悟的，卻是某幾位敢於出言鞭策的朋友。他們的警語，有時像一根繩，把我向希望的大方向拉，有時是一根針，往我心靈的暗處截刺。如L吧，她很喜歡在我口沫橫飛、言過其實時冷不提防地問：果真如此？又或在我頹唐墮落、蒙昧胡混時提醒我那從天上而來的異象。

還有個D，滿以為他比自己小一截，不會口出「僭越」之言，哪料，他見到我的焦慮徬徨，竟也忍不住勸誡「無論時勢如何，總不能失了志氣」。一語中的，聽罷卻如荒漠甘霖，潤澤了早已枯竭的心。

還有個H，簡直是我的互補。一個行事魯莽，對人百般信任，鮮會提防；一個小心謹慎，觀人於微。正是一凹一凸，互補長短。好幾趟於我幾乎墮進甜言蜜語的深井時，都是她一手把我從井邊拉回。

至今，我仍清楚記得那日L在把我直斥後熱淚盈眶的眼神，「知道嗎？你仍是我生命中重要的朋友。」知道，朋友，我當然知道。正因如此，你才這麼焦灼着緊。

無遮的友誼，是歡笑中夾雜着眼淚，既苦亦甜的。然生命之交，也只有在這種氣氛釀製中愈變愈濃。

遙遠卻極近

想知道一個人可不可以深交，請留意他說話時的眼神。

有些眼神是左瞧右瞄，漫不經心的。也許，正昭示了道不同不相為謀，大家就算閒聊，也是互搔不到癢處。算了，就安於做一個普通朋友吧。

有些眼神是怔怔的，像盞靈魂的探射燈，內裏卻安放了一個貪婪的燈泡，硬要照透你的五臟六腑，搜掠你的心靈寶藏似的。此等靈魂的掠客，最好轉身迴避，只怕你稍一不慎，露了些「心聲」，頓化作他的籌碼。最終，眼巴巴看着他扛着自己的私隱，含笑絕塵而去，展開另一場心靈的賭博。

有些眼神是似近卻遠，撲朔迷離的。大概，他也像你一般，對親密的關係，有點抗拒。也許，是曾經受傷，或從未經歷過被人深深信任，於是顯得恍惚退縮，不知所措。這樣，就看你敢不敢多走一步，冒個險囉！有時，多走一步，伸出雙手扶他一把，説不定可助他褪下畏縮的外殼，讓他嚐嚐赤心坦露的安然，他可能會多點勇氣，衝出那自我封閉的密實斗窩。只是，若要如此，你也得抱着一個至死無悔的決心才行。我深信，有些深交，是置諸死地而後生的。

有些眼神，卻是看似深邃卻是可閱，看似遙遠卻是極近，交流間所迸發的，是一種心靈的觸動與感應。不用多言，不用解釋，心與心，都是玲瓏剔透，一目了然。此等碰觸，卻是可遇不可求。

眼神，是一個人內心的告示牌。要決定信不信任一個人，除了聽其言，觀其行，還得由他 / 她的眼神閱起。

距離，一塊神祕的紗

無論人與人之間有多相知，多親密，總得維持點距離。夫妻如是，朋友亦然。

沒有距離的交往，如魚在網，如鳥在籠，失了空間，失了自由，也失了靈魂。

孩提時代，我們是慣於沒有距離的交往。喜歡跟誰玩，便分分秒秒都嚷着找他；每天都要找爸爸媽媽，最大的願望是「媽媽不上班，天天陪着我」。那時的交往，是依戀，是絲蘿附喬木的依託。

喜歡見便見；傷心時就想搖一個電話，請他速速趕至；開心的時候，想與他共享；盼望對方時時刻刻都在自己身邊，伴我同行，那只是種擁有的愛，是一種自由的遞奪。對方在我們眼中，只是一個客體，我才是主：我憂傷，他便要陪伴；我沮喪，他便要安慰。恩恩怨怨，愛愛恨恨，纏纏綿綿，關係愈搞愈緊張，愈搞愈令人窒息。

長大了，便要脫離孩子的心思，孩子的意念，要學習實踐人際間保持距離的技巧。

距離是一種空間，是肉體的，也是心靈的。肉體的親密觸摸會教人逐漸沉溺於肉慾中，而忘了感情世界還有其他可供揣摩發掘的領域；心靈的親密赤裸，也同樣令人沉溺自醉於對方的坦蕩剖白，而欲再褪下彼此心靈的外衣，一步一步進入更深更難測的不為人知的自我世界。豈料，相知太深，如繩索得太緊，只會教人驚慄。

距離如一面紗，將真正的你，真正的我，遮掩一下，隱瞞一下，反而更好。情侶戀人間那句「因了解而分離」，並非如此互不了解，而是誤踏了對方的自我防線，窒息了彼此的關係。把那面紗揭開了，失了那份神祕感，關係也失卻樂趣。

距離就是：見面有時，分別有時；說話有時，沉默有時；拖手有時，放手有時；擁抱有時，不擁抱也有時；坦露有時，隱瞞有時；流淚有時，歡笑有時；道歉有時，不道歉有時……每段關係，都有其定時，有其起伏的節奏。

我們往往犯的大錯是：試圖改變一段關係的節奏，故意踩進對方的禁區，這種誤闖硬撞，只會招惹關係的停濟不前，甚至終結。

好好掌握彼此的距離，一放一收，一近一遠，關係的神祕奧妙，自會逐漸窺見了。

心思，關係的學問

誰說人際關係是靠隨緣？

恰巧的相遇相知，只是燃點了星星之火，能否燎亮彼此的心原，可要靠日後刻意的栽培。

閒時一通電話，一句問候，一段E-Mail，特別的日子送上點點心意，都是親密關係中不可或缺的。

刻意是指你曾盡心竭力，苦苦思量才實踐出來的行動。

如果你送的是一張卡，那最好是一張精挑細選，符合對方品味氣質的。

如果那是一張 CD，那最好是對方向你明示暗提的，或為對方的處境帶來鬆弛安慰的。

如果那是一番剖白，最好選個人煙稀杳的地方，等對方耳根清靜之後，才來洗耳恭聽。

切勿貪方便就近，隨手買些坊間熱門的東西；在對方心緒不寧的時候曉以深情；或拿着別人送給自己的心愛物品轉贈（這招看似環保，其實是辜負了兩方的心意，令送禮的受盡被退貨的侮辱，收禮的如蒙買了二手貨的不甘)。刻意不在乎價錢多寡，而是你有否為對方費過心思；否則，只是漫不經心，虛無飄渺。

老實說，刻意其實不難。但刻意而不着迹，卻是門學問。

所謂着迹，是喜怒必形於色的在意。每趟行動，每次付出過後，都眼怔怔地閱覽着對方的反應。他的喜歡與不喜歡，都足以牽動你的心腸肺腑。如此，凸顯了你的咄咄逼人。

所謂太刻意，是一旦發覺對方的某種喜好，便不停地買呀送

呀說呀「一味」獻殷勤呀，不去想想可以轉點什麼花樣，其實是殷勤不來而生的怠惰。

刻意就是用心去體察對方的愛恨怨嗔。是既費眼力，也費心力的。更難的在於，要持之以恒。

亦即是說，在有所期盼的節期有表示，也要在朝見晚會的平凡日子裏，為對方製造些兒驚喜。

「既是相愛，又豈在乎朝朝暮暮！」捫心自問，你真的如此相信嗎？還是因找不着刻意，遍尋不獲驚喜而故作瀟灑的晦氣話。

什麼才是值得

有一齣古舊的電影，看罷令人念念不忘，它就是《阿甘正傳》*(Forrest Gump)*。

坦白說，看罷的感覺是舒暢的。特別是眼瞪瞪看着傻兮兮的阿甘，在銀幕上不輟地跑步、默默耕耘的下網、關懷重病的同僚、在街上逗陌生人聊天、對年邁母親無微不至的照顧……這些片段都深深觸動我心。

那刻，邊看心裏便邊想：假若我有時間，我一定會像阿甘般，好好跑一下步，探一下朋友……做這做那。只是，再想下去：一日二十四小時已不夠用，哪來閒情逸致去做這做那？然而，問題是真的沒時間，還是認為某些事要有閒情雅致才做的價值取向？

不知從什麼時候開始，我們習慣用值得與不值得來分配時間。人生苦短，光陰寶貴，我們便學習將時間投資在有益有建設性的人和事上，務求自己的付出（努力、金錢或時間）與回饋成正比（甚或最好能以小博大），這才是值得。至於那些花時間經營，與個人利益扯不上絲毫關係的人和事，也就少碰為妙，是不值得虛耗時光的。就拿交新朋友為例吧，也一定先打聽對方的背景底蘊，是否可以藉此攀權附貴，於自己事業有利的才交；現實裏誰會像阿甘這般，隨便找個市井之徒搭訕？

只是再想深一層，什麼是值得與不值得？是否開加班有補薪便一定比回家陪親人值得？是否李富豪便一定比看更李伯更值得交朋友？是否不停轉工以換取高薪厚職便一定比死守一個職位值得？

到底，何謂值得與不值得？而站在一個客觀的位置上，我們又應怎樣對待「時間」，似乎是更值得探索的課題。

沉默，最有力的申辯

從來是個多言多語的人，但人與人之間的交往，總得滲點沉默才行。

於欲語還休，欲示愛又怕被拒絕時，沉默，會製造無比的張力，令對方忐忑不安，焦慮均形於色。那時，你便知道自己已穩操勝券了。

於欲辯無詞，欲解釋卻又怕惹來更多責難時，沉默就是有力的申辯。言者若是有偏見，滿懷醋意，愈為自己開解，只會招來更多的指責，不如一聲不發，照單全收。她打你左臉，連右臉也讓她摑，頻頻點頭稱是，還讚她罵得對，多謝她提醒，反而杜絕她滔滔不絕數落的衝動。

愈來愈覺得，對着那些衝動的，衝着你來的人，沉默就是高招。猶如武俠小説裏刀光劍影下，你突然放下兵器，換上掌風，定會亂了對方的陣腳。沉默在爭鬧中就具有這種「錯亂」的效應。

只可惜，我們常用的「沉默」，卻往往是用不逢時，令對方摸不着頭腦。

適度的沉默猶如樂章裏的休止符，暫時止住澎湃的激情，或如火的烈焰，令雙方靜下來，一切再從長計議。

別以為無聲便是無息，有很多時候，難以啟齒的説話，可以在沉默中傳遞。

有時，話溜到嘴邊，暫且收住沉默，也許會帶來關係上一次強力的催化作用呢！

患難，扣緊人心的網

愈來愈相信，患難見真誠。

平常日子，友情不會見得可貴。不外是吃吃喝喝，嘻嘻哈哈。相聚只為找個話題，相聊只為打發日子，social 一下而已。

患難卻像一張網，把人緊緊扣住，也把那些甘與自己掏心剖腹的人牽連一起。在網中，你我一同惶恐，互相扶持，彼此緊靠。你的事變成我的事，你的苦變成我的苦。大家真心相對，沒有矯飾。

你可能笑謔，這個時代，還有什麼大不了的患難？

你錯了。真正的患難，不單是外在環境的巨變，天災人禍，而是一場徹頭徹尾的心劫。將人的信任、倚靠、安定、善良、純潔……擄掠淨盡。

患難又如一把兩刃的利刀，直刺人的內心深處，剖開自我的美麗與醜惡，信念與野心，自憐與自負，教人直視自我，無處迴避。讓你透視自己的本質，是一個怎樣的人，有怎樣的心思，怎樣的意念。

更有趣的，是患難也如一面照妖鏡，映照出周圍的人的真貌。那些是阿諛奉承，打恭作揖的；那些是見利忘友，落井下石的;那些是表面幫忙，內裏別有用心的;那些是真誠地肝膽相照，休戚與共的。映照出來的真相，有時會嚇得你直打哆嗦。

於是，透過患難，情誼愈磨愈韌，任憑風吹雨打，彼此的牢靠，就如一尊不倒的磐石，笑屹於風雨間。

我更深信，患難既是上主所允許的，就必定有祂要我學習的功課。讓我重新發現自己，發現別人……

患難的經歷不能強求。但一旦經歷過後，卻是刻骨銘心，彌足珍貴。

同行

對行走在苦難峽谷的人而言，最體貼的照顧就是陪伴。因為那是最不花唇舌，卻又收效最大的。

站在旁邊的咱們總以為，人家那麼水深火熱，總得替他想個辦法，又或替他的苦難謎題尋個解釋：

為何偏偏選上我？因為天將降大任於斯人也。

為何苦難總是纏着我不放？因為仍有你要學習的功課。

為何偏揀上我感到最軟弱無助、不堪一擊的時刻？因為將有祝福臨至。

我不諱言，這些都可能是答案，但在受苦者聽來，卻猶如逆耳的忠言；既聽不進，也無心消受。

難道，你比當事人更清楚他的苦痛！

難道，你以為他沒想過用這個角度這個想法去觀照嗎！

他全想過，試過，行過，但……仍不奏效呢！

其實，除全知的上主以外，沒有人會比受苦者更明白苦難的真相。面對不見天日，陰森恐怖的苦難幽谷，他最需要的，不是一張印刷精美的地圖，或一位能言善辯的導遊，而是一雙能讓他緊緊握着的手，拖帶着他走每一步。

在他埋怨心緒不寧，寢食不安時，回以了解的眼眸。

在他疑神疑鬼，怨天尤人時，輕輕拍他的肩膊，像默許他這不合情理的惱怨。

在他步履不穩，甚或放棄前行時，悄悄從後推他一把，像告訴他前面仍有可行的路。

在他涕淚縱橫，情緒失控時，靜靜為他遞上拭淚的紙巾。

陪伴，是看似容易，卻行之困難的。其難不在於那些身體語言，而是怎能勒住自己的舌頭，寡言不語，好讓自己慢慢地聆聽，從心生出的和應，才能使苦者受慰。

《聖經．舊約》中的女子路得，碰上人生極大的苦難——壯年喪夫，婆婆拿俄米着令她返回娘家，她卻甘願誓死跟隨。豈料，婆婆雖歷盡滄桑，至最後孑然一身，卻對媳婦的好意不理不睬。經上記着，「拿俄米見路得定意要跟隨自己去，就不再勸她了。」於是二人同行，來到伯利恆。「不再勸她」又可解作二人已再沒有交談，換句話說，路得惟一做的，便是不再多言，不作解釋的伴着婆婆同走她的回歸路。人生的所謂風雨同路，大概就是這麼一幅景象。

閱後令我心生感動。

面對人生的某些關頭，心靈的感應往往比搞通思想來得重要。

捨與不捨

我不是一個喜歡說再見的人。

曾經因為難以割捨，停留在一個地方，一段關係。

曾經因為那份難以稀釋的鍾愛，我會啃着同一款麪包，呷着同一味的茶。

有時也分不清，這是專一，還是猶豫，抑或是沉溺——讓自己浸淫在捨與不捨，棄與不棄之間，享受那份懸疑弔詭而未決的驚險刺激。

直至，猛然醒覺：「不能再這樣下去了！」

站在這個說與不說再見的交叉口，心裏有諸多思量：

倘若他不是如此這般待我，我總不致這般無情無義。

是他的個性、溝通，處理人際關係的手法我不能苟同。

他明明說過很珍惜這段關係，怎麼一轉臉變了另一個人。

怎麼，我竟變得愈來愈苛刻，盡在挑對方的不是。難道數盡他的「非」，我就可以理直氣壯地為這段關係畫上句號？

不。

這種「再見」縱使說了，還會心裏常存怨毒。巴不得他日再見面時，會看到對方的落寞孤淒，愁眉不展。這是推卸責任式的道別。

也有人說，用一種慶幸的心情吧！要為自己勇敢地甩掉那個不負責任的對方而拍掌歡呼。唉！那只是故作瀟灑。

有時覺得，向一段關係道別的感覺，其實與死亡十分接近。

通向未來的門關了。一切都停了，定局了。就是如此。

關係破裂時，我寧願學習以一種近乎敬虔的心將之埋葬。那份坦然，不是出於自衞、不甘，不是出於責怪、解釋，而是接納此時此刻的你我，正朝着不同的路向。如比大家約定乘搭同一班機，至入閘的剎那，才發現彼此機票上的目的地竟是南轅北轍，但仍會深深祝福對方，也珍惜上機前曾共處的快樂時光。

「心靈的人際關係並不要求『對的』行為方式，它要求的是更為困難的東西——尊重關係的自主性與奧祕。」(*Soul Mates*, Thomas Moore)

從道別的儀式中，我學習了尊重關係本身的始與終，無怨無悔。然後再靜待，另一段關係的蒞臨。

忠，敬也，盡心也，中心也。

誠也，猶愛也。不相違也。

悲

慧，

是一個抽絲剝繭的動作。

將每天發生的人與事，

客觀點看，抽離點審視，

再耐性向上主求問，

自能看到不一樣的圖畫，

照明內心的黑暗，

也照亮人生暗巷的那條出口小徑。

轉強為弱

這是個強者的時代。

我們崇拜英雄，傾慕那些貧賤不移、威武不屈、愴痛不泣的人。

我們追求的自我突破，就是超越自己的種種軟弱，轉化為強，武裝起來，面對外面銅牆鐵壁的世界。而自己，也愈變得鐵石心腸，沒血沒肉。

我們以為手牽着手，可以一步一步迎向強者的時代。豈料，環顧四看，個個都是競爭的對手，鮮有同甘共苦的盟友。你說「身處逆境，手足無措」，他那邊廂卻在嚷「我的境遇比你還糟呢，埋怨什麼」。現在才知，「一山還有一山高」的下聯是「一山還有一山低」呢！

強者的時代，是惟我獨尊，獨行獨斷的。然而，也使我們遠離真我，遠離羣體。於是，每逢夜闌人靜，撫心自問的時刻，總有一連串的問題湧現：

「誰能明白我？」

「誰能接納在剛強的外表背後，還有個脆弱的自我？」

我們明明受傷難過，卻要強顏歡笑，為怕鄰舍洞悉我底不幸無助！

我們明明教導別人要「凡事包容」，卻只是一味地揭露與包涵別人的軟弱，對自己的一失一負卻保密收藏，如天機般不容外洩。

這是個強者的時代。

這是個不可告人的時代，也是個知人口面難知心的時代。

要扭轉這個時代，只有一條公式——化強為弱。徹底接納在強悍鬥爭的外表後那個脆弱（vulnerable）無助的真我。

不錯，是顯露自己的無能，褪下武裝的言語，收起自衛的機制，那種事無不可對人言的赤誠示弱。

有人說，倘若人羣中有一個人敢於示弱，整個羣體就會連結起來。因為，你會發現，自己的軟弱也是別人的軟弱，我的沮喪也是他的沮喪，我的失意原來也是你的失意……

脆弱，原來是比剛強更具韌力，更能持久。而化強為弱，可能是逆轉這個大時代的另一種姿態。

好哭一場

年幼便愛哭，天性如此，也是家庭的培育使然。

小時候已知道，哭泣是家庭中一種最常用以宣洩情緒的「禮儀」。更奇妙的是，這種禮儀有着震撼無比的感染力。舉個例說，家中若有任何一員在哀哭，其他知悉的，也會加入「陪哭」。

在我童年清晰的回憶裏，是沒有「強忍眼淚」這回事的。

記得美國前總統甘迺迪遇刺的那天，我放學回家，推門即見哭至呼天搶地的大姐。遂問她何解會那麼激動，她卻以更愴痛的聲調向我宣告：「甘迺迪死了，快哭吧！」說也奇怪，那時的我竟乖乖跟着姊姊趴倒在地，為這個「姓甘名迺迪」的外國人嚎哭了一場。只此一役，便激發了我對一些英年早逝的名人生平的熱東，及後如約翰連儂、馬丁路德金、戴妃、德蘭修女等人的生前死後，更成了我追讀尋索的目標。這大概是姊所始料不及的。

誤中副車

有趟發生在家中的哭泣，更帶着點「誤中副車」的無奈。話説伴我成長的一頭斑點狗名叫「力奇」，自我出國留學以後即轉送友人家中，聞説「好食好住」，老狗也心廣體胖起來。那年回港探親，父親在晚膳時一邊夾餸一邊漫不經意地説：「力奇死了。」嚇得我手上的碗筷幾乎撒落一地。原本談笑風生的飯局，竟瀰漫着一種難以彌補的悲痛，我也激動得不住地抽泣起來，對父母的慰問不睬不應。霍然，父親竟嗚咽起來：「女兒，真想不到你會為這畜牲哭得這麼傷心，將來我與媽媽老去……希望……嗚！嗚！」老父的「出奇一哭」，竟止住了我對「力奇」的思念與哀慟。這個故事教訓我，若日後為一頭寵物而哭，也要靜靜地躲起來哭才行。

不過，始終覺得，敢哭、愛哭、擅哭，是家族遺傳過來一種頂美的傳統。追本溯源，可能與家裏有兩個敢流淚自表的男人有關。

父親從來不是聲如洪鐘、孔武有力的「大男人」之輩。說起話來，總是柔聲和氣，愛讀報愛音樂，是極其接近「書生」之流。父親一難過，或偶被我們子女輩的逆語所傷，即淚水縱橫上面，旁人一看便知他的心「受傷了」。弟弟也多少受了薰陶，還記得他在自己婚禮的大好日子，致謝詞時邊說邊流淚叩謝父母恩。

在家流淚是一種習慣，也是家人間無言的溝通。轉過臉至工作的「外人」世界，猛然驚覺對「流淚」的歧視，有的甚至視之為「懦弱」、「無能」、「無助」的表徵。

肝腸寸斷

到底流淚是勇敢還是懦弱？是情感的袒露還是矯飾？是女人的專利，還是男人的禁忌？是可抑時便須抑，或是應流時便應淌？有時，也很難一刀兩切。

倒是自己逐漸學會了，流淚不得造次。記得在當記者的日子，有趟做訪問期間，聽被訪者流淚訴說人生路的坎坷顛躓，強烈的共鳴下，發覺自己的眼角也滲出了淚，忙不迭扮鎮定，若無其事地提問，在專業與人性的共鳴上，我竟選了前者。

也有的淚，是覺得受委屈了、被誤會了，但卻怎也不肯在人前擠出來。寧願扮作眼睛發癢在擦眼，鼻子痕在抓癢，或躲進廁間暗暗地哭，再揚眉照照鏡子，把淚水往臉旁一撥，硬擠了點笑容，又可遮瞞含混過去，神不知鬼不覺。

惟有在某些場合，流淚才算是光明正大的認可行為。比方在喪禮上，在機場的話別禁區前，淚水皆可合情合理地流。記得有趟，獨個兒在機場因某些事故傷心落淚，竟碰上另一批移民送別的朋友。反正大家已哭得淚汪汪，多添了我這個淚人，又有誰會察覺！最後，大家還因這樣的偶遇拍照留念。而彼此也因沉溺在各自（因由）的哭泣中，當然更沒尋問我孤身在機場哭至肝腸欲斷的因由。

一直以為自己掩飾得很好，也很到家。直至那個晚上，坐在舞台前的第一排，欣賞着一幕幕扣人心弦的前塵往事，還有真人版的誤會組合劇場，冷不提防的情境對白，有如一道激流，沖毀了心靈淚湖的堤壩。淚，如崩堤般湧出，哭至整個人都抽搐起來。心想：失控了，怎辦？努力將顫抖發軟的雙腿按住，將急速氣喘的呼叫拖緩，周圍看見的人，有逗笑的，有斟茶遞水的，有拍拍肩膀以示安慰的。一場失控的嚎哭，像揭了一張又一張深情的底牌。自己深知道，是呀！那是難捨難離的淚呀！多麼的不情願，還是讓淚水在別人眼前湧流。

過後，竟覺得出奇的平靜，心中的鬱結好像解開了。淚過心清，正如雨過天晴。好哭一場，竟有着心靈的醫治與淨化的作用。

自信

過去曾把女兒寫的童詩轉登在專欄內，之後收到好幾位讀者的迴響，鼓勵她繼續創作。還記得我把話轉告孩子，她睜着斗大的眼睛問我：「真的嗎？他們真的這麼説嗎？」

回想當初她把這首詩遞給我看，我這個為人母的已急不及待稱讚，她卻有點半信半疑，總覺得「母親鼓勵女兒是天經地義」似的。直至回校，老師請她朗讀給同學聽，她才興高采烈搖電話給我：「媽媽！老師叫我把那首詩當着全班唸出來呢！」我回應説：「好呀，我早説你寫得不錯的了。」

建立自信

心中期盼，這一點一滴的信息，能幫助昔日踏進青春期的孩

子建立自信。話雖這樣說，但我心底知道，一個人要建立自信，是一件談何容易實踐難的事。

因為，在我們上一代的眼中，是從來少有「建立自信」這回事的。上一代與孩子交談，不外是打罵的話，就算誇讚，也只會籠統說說「乖」、「好」、「叻」而已。

一位母親曾告訴我，她最記得母親說過的一句話，就是「死蠢」，因為那是她把成績單拿回家時母親惟一的反應。這句話足以影響她日後對自己的看法和自信。

至於誇讚，也不外乎與學業有關。「聰明」、「醒目」，都是打着「學業」的旗幟的。有位朋友告訴我，她每逢在校裏的比賽得到獎項，學業有什麼好的成績，總會第一時間致電父親，對方總是說了句「好」之後，便是一大堆「記着，不要得意忘形」、「不要給勝利沖昏了頭腦」、「驕兵必敗」等話，老人家大概是想女兒繼續奮鬥下去的，但朋友聽罷，卻像被兜頭澆了一盆冷水，深感最快樂的事情無法與至親的人分享是一種遺憾。

被人肯定

心理學家分析，這種被人肯定的需要，是每個人尋找建立自尊自信時必須的，而那個賦予肯定的人，通常是生命中「重要的那一個」(Significant one)。可能是父母、師長、工作的上司夥伴。但最重要的，還是你怎樣看待他說的那一句話。

自小我已沉迷寫作，中學時曾受國文老師的鼓勵，課餘疾筆狂書，一大堆遊戲文章交給她看，她都不厭其煩為我批改。至唸大學時，曾經，想加入當地的一個寫作班，怎料，導師就是沒選我，令我倚着門檻空悲歎。就算生命中重要的人物，也可以多於一位，有鼓勵的，也有拒絕的，問題是自己怎樣在其中作抉擇。

接納、排斥

多年前在一個寫作營裏，碰到一位年輕女孩。她喜孜孜告訴我：「我曾投稿到雜誌，被拒二十多次，今趟終於入選了！」我囑她好好記住這一次，將之深嵌腦海，以繼續燃點創作的熱誠。

有時，自信是視乎我們生活行為的認知抉擇而建或毀的。比

方說：

我們留住哪些接納還是排斥的經歷呢？

我們做事專注還是三心兩意？

我們以理性、邏輯的態度面對現實還是逃避？

我們明白並忠於自己的感受還是有所隱瞞？

我們願意承認錯誤並糾正之還是愛理不理？

我們的裏（感覺、企圖）與外（言行）是一致還是矛盾？

我們是敢於面對新挑戰並承擔責任還是借故逃避？

真正的自信，不是向旁人吹噓自己如何英明能幹，如何平步青雲，也絕不會覺得自己無人能及，處處比別人優勝，反而更能虛懷若谷，誠實面對真我，並接納別人的批評。

追逐夢想

自信心高的人，在追逐夢想時，較懂得忍耐堅持，成功率也較大。自卑者則會認定自己是周圍處境的受害者，並伏此自貶自抑。

要斷定一個人的自信，更重要的是看他怎樣與周圍的人溝

通。人要先懂得自信，才能信任和關心他人，否則，很容易跌入邪惡的圈套。

永遠記得這個閱讀得來的故事。

故事發生在德國的一個鄉鎮。聞說來了一位講者，自視奇高，演辭精闢獨到，見解立論清晰，很多人甫聽罷他的演講，便定意要跟隨他去改變這個世界。一位年輕人聽了講者的演説，也深受激動，決意跟隨，還帶了自己的老祖母去聽這位「明日之星」的演講。豈料，老祖母聽罷，便勸孫兒別跟他，因為「那人的話裏沒有憐憫」。

若干年後，這位「年輕人」把這段往事撰寫出來。事實也證明，老祖母人生閱歷豐富，一語道破講者的真面目，因為那人正是日後殘殺迫害猶太人的狂魔希特拉。

過分的自信，與癲狂只有一線之隔。

人若「看自己看得合乎中道」，知道自己是怎樣的料子、做怎樣的事，虛心接受別人的指教，已是離自信不遠矣。

不會褪色的自戀

世上惟一不會褪色的愛戀，就是自戀。只要一日自己的生命氣息尚在，就可以肆無忌憚地自戀下去。

心理學上有一種叫「自戀性格」，就是指那些凡事只為自己着想，完全把他人置諸度外的人。他們絕對自信，個個皆天賦異稟，勤奮不倦，機智過人，也正因此，他們只信自己，不靠賴別人，也容不下別人半點的批評。圍繞在他們周遭的，也只有點頭稱是的「擦鞋仔」。這些人若一旦失敗，很容易不堪一擊，自此一敗塗地。

當然，話說回來，每個人總有點自戀的。先相信自己，疼錫自己，才懂得信任別人，疼錫別人。先懂得為自己着想，才懂得為他人打算。愛人如己，推己及人，也不過是這個道理。

但過分的自戀，便成狂了。

希臘神話裏的自戀狂，只看見水中自己的倒影。現實裏的自戀狂，是眼裏只有自己，容不下別人。聽到別人提什麼好意見，總是一臉不屑，心裏嘀咕：呀，這些主意，我早就想過了。看到街上漂亮的人，瞄一眼，就看出對方哪兒整過容，哪個角度不上鏡。若你不識相在他面前讚美甲、抬舉乙，他會連珠發炮把對方數落至一文不值。管他是甲是乙還是丙，在他眼前都只是毫不起眼的小子。若你更不知好歹，在他面前扮弱者，吐吐苦水，「傾傾」愁煩，他不會為你排難解困，不是罵你自作孽來哉，便是一句：「這些事你辦不來，由我來做好了！」一語把你推至九霄雲外，已是最厚道的安慰。

若你不幸（或其實有幸）地與自戀成狂的人合作，別擔心難應付。只要唯唯諾諾、一言不發、不攜手、無意見、不置可否，包他準會把一切責任往身上扛。其實，你根本什麼也不用做，他都會一力承擔的了，因為，他根本瞧不起你的任何參與。所以，自戀成狂的人也多是工作成狂的。

他們的眼高傲、心狂氣盛，愈是人家覺得危險賠本、高難度匪夷所思的事，他愈要去做。假若他有千金在手，他會為自己的夢想可以一朝散盡；若有權勢在握，他可能不惜任何手段，要躍登一國之尊，親嘗「大地在我腳下」、受萬民膜拜的滋味。

不過，請別擔心，世上自戀成狂的人其實不多。再者，多是那些能力不及，又自戀為是的屠狗輩。跟此等人合作，最好可免則免，否則，「功」往他自己身上抹，「鑊」向你身上卸，可夠難受的。跟他們為友，只要拆拆擦擦，胡胡混混，也可做個泛泛之交；若要肝膽相照，對他所作所為都俯首稱是，大可不必了。跟此等人做夫妻，一生一世，更是難上加難，因為家的樊籠，又哪能困住他／她那肆狂不羈的心呢？

説到底，每個人都可能有朝自戀成狂的。問題只在，你有否這份清醒與自制，駕馭內在那狂傲奔放的心。

沉迷

沉迷不見得就是墮落。

人總得有所投入，才能抓着生命的重心。整日浮浮閒閒，疏疏離離，太過不着邊際，不思進取了。

沉迷是一種全心一意的心理狀態。姑勿論際遇常變，人心詭異，仍無損我對此人此事此物的專注執著。沉迷的最高境界，是可以為之生、為之死。

見過一位沉迷巴士的少年。本來與他的談話只是聒噪無聊，孰知一提到「巴士」，他就兩眼發亮，滔滔不絕。

工作生涯中，也曾碰見過幾位沉迷寫作的人。一日一稿，從

不間斷。雖然他們的稿並非篇篇精選，但那份鍥而不捨、永不放棄的精神，倒教昔日我這個當編輯的感動莫名。試想，我們的社會若多幾位如此努力不懈的朋友，香港「文化沙漠」之名也盼指日可除。

沉迷使人有了方向，有了盼望，有所搜尋，有所期待。我們抹黑沉迷，是因為現代人總愛將之與賭博、嗜酒、毒品扯上關係，那是沉迷的對象出了問題，而不是沉迷本身。但我們往往捨本逐末，削足就履，連沉迷這種尊貴的情操也一併棄之可也。

沉迷於音樂、沉迷於集郵、沉迷於泡茶、沉迷於觀鳥……又有什麼問題呢！

《聖經》裏有這麼一個比喻，說一位牧人本有一百隻羊，但走失了一隻，他竟死命去把那一隻尋回。也許在平常人眼中，擁有九十九隻羊不已經很好了嗎？那一隻讓牠就此消失吧！但在牧人眼中，卻是連一隻也不放棄，只有沉迷過的人，才明白「連一線機會」也不放棄的那份堅持是怎樣一回事。

某個情人節的這天，翻開報章，看到那位伴妻屍寸步不離的老翁，傳媒問他妻子死了為什麼不報警，他說只想多陪她一會兒；電影《鐵達尼號》*(Titanic)* 的女主角，對相戀數日，但因突劫而性命垂危的男主角承諾，會好好地活下去。城中人看見聽聞這些故事，總是心生羨慕，但卻忘記，他們之所以有這麼可歌可泣的故事，是因為曾沉迷地付出過。

沉迷，一點也不便宜，可能要你賠上性命，粉身碎骨的呢！

人生必讀兩本書

有次在銅鑼灣的二樓懷舊小店，瞥見兩包塑膠劍仔，急不及待買回家，一家人把玩起來。女兒說：「媽媽你們那時的玩具，比我的耐玩多了！」正是。我們那個年代簡單些、純樸些、快樂些、是非黑白分明些、人情味濃些……

還有，含蓄些。

是的，含蓄，不是肆虐式的裸裎。如對愛情，一個眼神，擦身而過，回眸一笑，好像電影《花樣年華》裏梁朝偉與張曼玉那般在梯間迂迴的照面，最是神祕，可堪回味。再坦白點，也不過是泛舟湖上，輕唱「情花開，開燦爛，情義誓永無限……」而已。就算是親情，也只表露在「回家喝湯」、「多添點衣」之間。

坦蕩與裸裎都太白了，還不如含蓄來得震撼，予人回味。在真真假假、是是非非、過去現在之間，可以想像，可以揣摩，可以追溯的，太豐富了。

這正是「過去」最大的吸力。

哲學家説過，人有兩本書不可不讀，一本叫「自己」，一本叫「過去」。

「自己」是最易尋找的，因為線索很多。日記、照片，都是層層疊疊的心靈遺迹，但最觸動我心的，還是與昔日同窗的重逢。

心中起了悸動

母校有個成文的規矩，就是畢業二十五年的同學，會回母校加冕。那個謝師宴的晚上，我帶着戰戰兢兢的心情，步入晚宴場地，杯光笑靨，重聚的擁抱，心中起了陣陣悸動。

「二十五年沒見，你還好嗎？」

説得輕輕的，但二十五年確是個沉重的數字。F告訴我，T為人耿耿直直，横看豎看像個老師，卻當了生意人；L在校時多言多語，又不大愛唸書，嘿！結果為人師表。還有，許多他或她都像人間蒸發，音訊全無；有人早已不問世事，歸田園居；也有人因為遇上重大挫折，抬不起頭見舊同窗而謝絕一切應酬。有人選擇與自己的過去一刀兩斷，也有人選擇趁機找回一點牽連。

「我曾與你同班嗎？哪一班？」幾乎是見面時的另類招呼語。原來，自己記得的只是浮光掠影，加了同學的補充，這幅屬於自己的拼圖才更完整。

C捧着酒杯過來，打了個招呼，拿着我的名片説：「乃萱，中學時代你對信仰一點興趣也沒有，怎麼當起近乎傳教的工作來？」我看看他遞過來的名片，知悉他除了懸壺濟世外，並在慈濟當義工，救助貧困，還家住花蓮啊！那地方不是頻頻地震嗎？

「沒什麼，試多了，便會習慣。」説來淡淡的，無驚無懼的，一副處之泰然的神色。中學時他可是個「穩陣派」啊！

其實，彼此都無法解釋，為什麼二十五年，可以把大家搓揉成今日的模樣，於是彼此都說了句：「世事難料。」想以寥寥四字，填補那二十五年來不能言盡的空白。

尋索心靈痕迹

「自我」是需要不斷閱讀、發掘，愈讀會愈清楚知道「昨日的我」是怎樣影響着「今日的我」。但若只停留在此，便很容易生出一種近乎迷戀的情愫，變成「包袱」，愈揹愈埋怨，愈揹愈無所適從。

所以我喜歡哲學家所說，另一個更宏觀豁達的角度：過去——過去的歷史、過去的奮鬥、過去的光榮……

有一陣子迷上逛博物館。台北的故宮博物館，澳門的歷史博物館，遊看建築、藝術、雕塑，企圖從一磚一瓦、一瓶一器中，尋索文字以外的心靈痕迹。觀賞的時候，甚至會把自己化想成某朝、某地的子民，在溪邊觀看帝王舉杯論兵權的模樣。

有趟，置身玻璃窗外，看着「收買佬」、磨剪刀者的塑像。按一下鈕，瞬即傳來：「收買爛銅爛鐵」、「劏刀磨鉸剪」等熟悉的叫賣聲，居然樂不可支，不停地按鈕，重播。想多聽幾遍，把逝去的滄桑與奮鬥的音像，烙刻於心，又像隱隱約約尋回，那個大時代的——小我；並且容我，站在五、六十年代的歷史門檻前，努力思索着那個年代的興盛與衰微。

人是歷史的動物，自我，也要放回歷史的洪爐中烘焙，才會得着更醇郁、更芬芳的味道，人才不會被自憐式過去的光采所朽腐。

未來的假期，你想閱讀什麼？

消費指南、旅遊手冊？還是左手執一本「自我」，右手執一本「過去」？

自我的幽暗

每個人都有幽暗的一面，而且都想將之掩藏。我們總以為，掩面不看，自我的幽暗便會知情識趣地引退。休想！

他從來就是個滋事分子。

當你以忙碌奔波充斥着生活的時候，他便會乘虛而入，把你弄得牙癢癢的，稍一逆意，便會連珠爆發，怒不可遏（不信，繁忙時間坐地鐵試試看）！

當你在夜闌人靜，孤燈獨處時，他又會化身成為親近的摯友，為你抱打不平，數盡你的才華與優點，把你的「光明」顯大，為你的懷才不遇而義憤填胸，力斥某某的順風順水只是他的阿諛有道。「瞧，他還能風光多久！」是他對你最大的安慰。

當你處身苦難的煎熬，感到力不能勝時，他又會化成生命的判官，向你提出諸般的控訴：「一定是你犯了什麼錯，所以上天要懲罰你！」「你憑什麼與命運抗衡？」寥寥數語，可以把你打得落花流水。

當你水滿以為諸事順利、春風得意的時候，卻總會出現一個像《聖經》裏行淫時被捉拿的那個婦人般的千古罪人（或人間敗類），那時，這個你我的幽暗之子，便會慫恿你說：「宰了他吧！以牙還牙，以眼還眼，天經地義。」

從來相信，自我的幽暗是無法逃避的。

坊間說，着眼自我的光明吧！發掘自我的潛能，準會有天脫離幽暗。現實卻告訴我，不斷把幽暗光明化，如同不住地泯滅內心那照明幽暗的燭光。

管理學大師 Stephen Covey 說：「人要心靈光明富足，便要順服內心的良知。」撿起良知的掃帚，面對內心的幽暗，是步向心靈富足的第一步。

懼怕

仍然記得，女兒還在襁褓的日子，我們搬進了一個房子。

房內的四壁都鋪滿木板，黑沉沉的，大白天也要亮燈，才稍覺光明。搬進來，只貪圖孩子升學的方便。

所以，當抱着孩子推門進那只有一扇小窗的浴室，她便頻呼：「好怕啊！好怕啊！」看到漆黑的一片，我也覺得有點心寒。但既為人母，也只有硬着頭皮說：「不用怕，怕什麼？」當口訣般教女兒唸，用來幫她「驅驚」。

「不用怕，怕什麼」，口裏這樣說，其實心裏仍怕得要命。

一歲孩子可能便曉得怕黑。再大一點，倘若被狗貓雞老鼠之類追嚇過，可能會從此對牠們敬而遠之。我有一位朋友便曾因被雞追而自此謝絕一切有翅膀的活物。當然，甲甴（即蟑螂）也是我們的頭號剋星。可恨那時還未出現「小強」，否則可以早點化解我們本是「大」卻怕「小」的矛盾心結。我最怕的兩種活物則是甲甴與蛇。一見到或會尖叫，叫不出聲，全身自然會起雞皮疙瘩。

克服恐懼

曾經以為，這一生也沒法克服這種恐懼。

直至初為人母，一日赫然看見「小強」蹲在小女的嬰兒牀旁，正蓄勢欲躍，也不知哪來的勇氣，一把抓住那可惡昆蟲，痛罵「來者何蟲？竟敢斗膽傷害我的寶貝女兒！」於是將之一擲於地，實行踩之踏之。經此一役，深深體會什麼是「愛裏沒有懼怕」。

不過，怕物怕蟲，都是對外來形體的一些恐懼，就算怕黑也是。心理學家總認為，只要你肯迎向恐懼，不論你是怕黑或怕光，畏高或畏雞，都是克服可期。

最難戰勝的懼怕，反而是這些：怕失敗、被嘲弄、別人的想法、被拒絕、怕改變、被傷害、怕被排擠等，甚至怕承諾、怕結婚。

少年人怕別人瞧不起自己，青年人怕別人不給自己機會脱穎而出，中年人怕被別人取代。

依然記得，看過一齣話劇叫《煙雨紅船》，其中最震撼心弦的一幕。描述年過半百的師傅雖然明知有得意門生靚俏佳，卻執意與她作難，一直不肯讓她擔正戲分，直至那日自己積勞病重，仍撐着身子説，「只要仍有一口氣」，也不讓徒兒來演。這種見「仁」而終不肯讓的狹隘心胸，其實是源自心底的懼怕——怕自己老不中用，怕自己主角的位置被取代。失業惶惶下，許多人不正以「拚命工作，絕不休假」來證明自己「不可取代」的價值嗎？

歸根究柢，我們最怕的是——改變。怕一切不能維持原狀，不能五十年不變。

接納改變

原來，面對恐懼的第一招，是接納改變。接納凡事不能盡如人意，任憑怎樣的精心安排也會出紕漏，如何細心策劃也會有失當，怎樣嚴密監察也有走漏眼。當編輯的日子，就要時常懷着戰兢的心去面對稿子可能出現的大小錯漏。試過有趟，曾工作過的雜誌裏出現一份表格，什麼錯字都送檢改正了，惟獨忘了——那是「黑底白字」的表格，叫人怎麼填？難道用塗改液嗎？事後把「除黑底」三個大大的字貼在當眼處，提醒自己別再犯同樣的錯。然日子有功，也學多了接納「天有不測風雲，人有看走了眼」的一時失誤。

恐懼與勇氣原是雙生體，迎向勇氣，自能漸漸擺脱恐懼的糾纏。常深深覺得，人最大的勇氣，不是源自與所懼物的頑抗鬥爭，而是源於心底一個比自己更大的信念理想，找着了，要赴湯蹈火，從容應變便不難。

正如英國作家 G. K. Chesterton 曾説：「勇者，乃是以從容就義之心，去強烈活着的一種慾望。」

精神力量

心目中的勇者，是三十年前在楓葉國遇見的一位宣教士，他的名字叫 Koos Fietje。那時，他舉家往泰國的村落宣教，當時的村民對基督教信仰十分反感，並多次發出死亡威脅。所以，Koos 每一天出門，都抱着一種從容赴死的心態，每天都多番叮囑妻子，要好好照顧孩子，每天也難分他到底是在「道別」還是「訣別」。結果，那天真的來到，一位村民在聚會中對準他射了一槍。從此，他真的沒有回家，而事後，那個村落的許多村民竟因此信了耶穌。至今，我仍清晰記得他眼神眉宇間流露出來的堅強力量，與隱隱散發着的浩氣。

這種力量來自於信，也是對自己內在召喚的追隨，是一個克服懼怕的最大原動力。

我始終覺得，人對身外物的懼怕，會隨年月的逝去而漸能應付裕如。但我最怕的仍有一樣——怕失去單純的心，怕被歲月磨蝕了所餘無幾的童真。不過，這卻是我最不想驅走的。

嫉妒

《白雪公主》是個童話故事，也是個有關「嫉妒」的典型故事。漂亮但心地惡毒的皇后，每天對着魔鏡追問:「魔鏡，魔鏡，請告訴我，誰才是世界上最美麗的女人？」魔鏡總會回答:「是你，皇后。」直至白雪公主長得亭亭玉立，皇后「美的地位」受到動搖。某日，皇后再向魔鏡盤問，得到的卻是最殘酷的答案：「白雪公主才是世上最美麗的女人。」故事往後的發展，只是嫉妒帶來的惡果。皇后（也是後母）因妒成恨，千方百計要置公主於死地。

嫉妒的戰爭

這是一場母與女兩個女人之間的嫉妒之戰。

《聖經》上有另一個版本，是關於兩個男人的。該隱與亞伯乃人類始祖的兒子。一日，該隱拿地裏的出產為供物獻給上帝，亞伯則將羊羣中頭生的和羊的脂油獻上。豈料，上帝看中了亞伯的供物，該隱氣上心頭，把親兄弟亞伯殺了。

這是手足之間，男與男之間的嫉妒之爭。

其實，類似的故事，還在我們每天報章的頭版重複着。

嫉妒之火，一觸即燃，存在於每一類的人際關係中，親如兄弟，情若父子、母女、日夕相對如戀人、配偶，施恩授學如師徒，都是嫉妒之火伺機焚滅的對象。而且，無處不在，無遠弗屆。

曾看過一本名為《嫉妒》的書，如此定義這種每個人都有過的念頭：「嫉妒是一種不愉快的感覺，想得到屬於別人的東西，若是得不到就會很不舒服。」書中還羅列了八大問題，讓我們檢視對嫉妒的反應：

嫉妒的反應

曾否因別人的成功而感到痛苦不快？即是説，有否因看到別人平步青雲，自己依然原位不動而耿耿於懷？

會否拿自己與人相比，並且看着他們成功而感到受威脅？對中年人而言，最貼切莫過於目睹長江後浪湧向前浪而心有不甘了。

會否認為別人做得到的事，自己也可做到？如看見別人名成利就，心裏便嘀咕：「有啥了不起！我也可以有這麼一天，但我不稀罕！」

會否想擊倒比自己成功的人？冷嘲熱諷也好，説盡難聽的話也好，總之要令對方難堪而自己痛快的。

會想從別人手裏奪走自己渴望的東西，甚至傷害那人嗎？根據調查顯示，這些東西可能是權力、地位、財產、友情、愛情，甚至親情。

得不到的一定是最好的嗎？此句等同「外國的月亮一定較圓」，「別人的葡萄一定更甜」。

會確信自己一定能得到別人失掉的東西？《白雪公主》裏的皇后，以為公主一死，她就可以奪回美的地位，卻遺忘了自己也會日益衰老。

常覺得自己永遠比不上別人嗎？落實點説，起初羨慕別人有車，等自己有了車，又會羨慕別人有樓。源於貪婪的嫉妒，是心靈的一個無底深坑。

嫉妒的綑鎖

嫉妒之火，能把事物燃燒至扭曲變形。最顯而易覺的，就是誇大別人的「好」，低貶自己的「是」。難怪有人分析，嫉妒之源只有一個——缺乏自尊。在輕看自己的世界裏，看到的盡是「時不予我」，「技不如人」。除非能重拾自信，才可掙脱嫉妒的綑鎖，迎向燦爛的明天。

怎樣重拾，則得看自己怎樣衡量這個「比較」天秤。記得唸大學的時候，試卷是派發到學生那個開放式的信格內。那時有一位同學，每趟都好意幫我拿試卷，漸漸，在接收她遞過來的試卷時，都會聽到不同的註腳：「這次考得不賴喔！」「嘻！嘻！這趟我比你高一分！」才恍然大悟，原來她視我為班內的競爭對手。

慢慢薰陶下，我也會偷偷瞄她的信格一眼，看她拿多少分。如此，你一眼，我一瞄，就過了一個學期。結束時，大家的成績也不賴。那趟的感覺，就像在跑馬拉松，有人一直緊貼自己，鞭策我繼續努力，直至跑畢全程。那時發現，嫉妒其實會幫助我們去認同仿傚別人的優越之處，繼而提升自己。

當然，發覺別人嫉妒自己時，最膚淺尋常的應變之道，是故意把自己說成一無是處、一文不值。這正正中了「嫉妒」的下懷，因為把自己鞭撻至體無完膚，全無自信時，便會開始嫉妒那些比自己更好的人。

經驗所得，勝過嫉妒最佳之道便是「愛」。愛裏沒有嫉妒。

因為愛，所以知道自己所看所聞，對別人的評價，都是不完全的、片面的、不盡準確的。

因為愛，我所看到的自己，也是不完整的，尚有許多未被揭露的盲點之餘，同樣有許多未被發掘的潛質。

因為愛，所以可以包容妒恨，可以盼望更新改變，可以相信嫉妒之火焚過的心野，仍有再生的可能。

慧，敏也，解也，智也，

事理之分別，斷疑之作用，謂通達空理也。

恩

活了一把年紀，逐漸明白，

每天都是恩，也就是恩典。

人家為何這樣容忍我？

為何這樣關懷？

為何如此不離不棄……

一切都是上主的恩典，

讓我在卑微黑暗的冰冷中，

仍感覺溫暖，

讓我在無人明白的孤單中，

仍感覺被愛。

是恩典，

把我從某些歪路與不寧的心緒中，

領回正軌。

出走與小病

住在城市的人，大抵都有種出走的欲望。盼望辛勞陣子過後，可以遠離繁囂，嗅嗅樹，觀觀山，看看水，稍得解脱。

我也不例外。

每逢工作開會外出演講等事情把日子排得密密麻麻之際，心底就盤算，哪時該歇歇，找個地方遠去。彷彿遠遊朝向的陌生國度，可以助我在壓抑的處境中，奔向遼闊，奔向無限的可能。

只是，出發前的日子，總會馬不停蹄地奔波，如拉緊發條的機器，等待那一「放」即鬆的時機。豈料，有多次的經歷，身子都像洩了氣的皮球，什麼毛病統統跑了出來。記得那趟，撐着發高燒的身軀，仍穿梭曼谷「執到寶」市集，結果，「寶」還未目睹，人已暈倒曼谷街頭。短暫的旅遊，只是個人體力與時間金錢角力，可以令人更喘不過氣。

多年前讀過法蘭克福書展前主席衛浩世（Peter Weidhaas）回憶錄《憤怒書塵》*(Und Schrieb Meinen Zorn in den Staub der Regale)*，裏面對旅遊有很精闢的詮釋，他覺得旅遊：「不是一種消費性的步驟……而是很像中古時期的旅行，首先是帶着某種罪孽長途跋涉到陌生的國度尋求解脱，最後在旅行中獲得了再生。」

喜歡「再生」兩個字。因為只為解脱而休歇，很容易會偏向歸隱；再生象徵着重尋生命的船錨（anchor）與方向。

豈料，在過去的日子，趁着農曆假期，以為可以放放悠悠長假，靜待生機。孰料，身子早不勝負荷，重重地倒了下來。

養病期間，生命中不可預知的恐怖如影隨形。病是小病，還是大患？腸胃拒絕吸收，常喝的咖啡奶茶滴唇不沾，連有生以來每年的例行「禮儀」——逛花市也不得去……人的身體會隨年日衰敗的警號不時響起。

然而為什麼把身體舞弄如瘋狂的野駒呢？卻是個更根源的問題。

殘弱的身軀，把我狠狠自眼下的處境抽離。多少個靜臥病榻的早上，我一直問自己：我在這裏幹什麼？為誰而做？有什麼事情是非做不可，甘願委身的……

身子雖虛弱，心眼與耳目卻靈敏了，重新聽到內心的召喚，看見未來的諸般可能。人的生命需要不斷死而再生的更新，忙碌的生活也需要暫停的沉澱與反思，我終於大徹大悟了。

小病初愈，帶着雀躍的心情回歸工作的地方，那感覺如出走後的充電般，紮實有勁。出走與小病，竟具如斯異曲同工之妙呢！

為了慶祝自己的痊愈與回來，我特地買了一炬蠟燭，放在案頭，看着燭光緩緩地燃點，我彷彿看到一個接一個的點子意念在冒生，生活的步伐是漸慢，但夢想的火仍是熾熱的……

照我心裏秧

多年前有一陣子，大小事情紛紛擾擾，全部席捲而來。有時，是一些偉大理想的實踐，有時，是一堆不知如何收拾的事情。遍目皆是「死線」，跑着喘着，竟置身在不由自主的忙碌中。

有時不禁問：如此忙碌愁煩是你想過的生活嗎？沒想到，在這忙碌的時刻，卻被安排去參與一個三日兩夜的靜修營。坦白說，心裏是不大情願的。

「這麼忙，要擠時間去靜思，回來還不是工作一大堆！」這是我心裏的前設。

但既來之，也就順性安之吧。

沒想到，整個營除了户外那節登山涉水外，大部分都花在那些我「誓神劈願」也不會做的事情上——繪畫。

隨心所欲

怕繪畫，因為從小美術不及格，曾被老師狠狠斥為庸才，哪會想到要在其他人面前獻醜？

現實告訴我，既參加了，也就沒有藏拙的餘地，只有硬着頭皮上陣。

「好，大家可以隨己意在畫紙上繪畫，時間一到，我便響鈴，把圖畫傳給下一位。」

動筆在白紙上畫時，感覺很自在，無拘無束。我畫時蛇不需要像蛇，兔不需要像兔，馬不用像馬，多好！

「叮」的時間一到，接過下一張的圖畫。

怎麼，填得滿滿的，密密麻麻的，驟看似乎沒有可加筆的空間。但，可以在它的圖上加一些人呀、樹呀、船呀……原來換一個角度，就算是別人的圖畫，仍可找到添上姿采的空間。

如此轉轉接接，到了最後一幅，也接了最後一道指令：「你有十五分鐘時間，可以將畫作細細加工，並為它命題。」

擺在眼前的，是一幅曾遭起碼五個人塗畫過的「傑」作。沉沉黑黑的一片，最明顯的是左邊畫了一堆牛糞，右上角是一彎皎月。月下有一個孤影，影下有一顆龐大的心，而心內仍是空白一片。

人，月，心，可以改畫成什麼？

隨心所欲吧！

抓緊那苗

我下意識地拿了一根綠色的蠟筆，腦際卻浮起這樣的題目——「人前明月光，照我心裏傷。」

正執着蠟筆，一筆一筆地畫，隨心畫出來的，不像傷痕，卻似一株株的幼苗。咦，豈不可改成「照我心裏秧」，同樣押韻，意境卻迥然不同。

「傷」，是消極的，象徵着傷痕纍纍，好像在諷刺一切一切都那麼逼不得已，孤獨無助地面對，一手傳下來的破爛攤子。

「秧」，卻是積極的，曉喻着生機處處，即使在最混亂最雜草叢生的土壤裏，只要心裏有秧，便可把荊棘化為秧苗，逆境變為轉機。

我瞪着那幅畫，讓它繼續向我說話。特別在那些茫無頭緒的清晨，多少個寂寥難寐的晚上，望着畫裏的那幾株秧苗，就在提醒自己——抓緊那苗，別因被曲解塗抹而改變初衷，被冷落誤會而灰心喪志，偶感身虛氣弱而躲懶腳步。

營會過後，帶着那份豁然的醒悟，重返工作崗位。發覺思想靈活了，內心澄明了，辦起事來，竟也事半功倍呢！

四帖心藥

聽過一則這樣的故事：

一位事業有成，家庭幸福的人，一日突感自己的煩惱極多，生活極不暢快，跑去看心理醫生。醫生給了他四帖藥方，叫他到海邊才打開來看。早上九時、十二時，下午三時、六時各服一帖。

首先，他打開的第一帖藥是「諦聽」，於是他坐在海灘上靜聽海濤鳥鳴，感覺無比寧謐。十二時正，看到第二帖藥是「回憶」，他便逐一回想自己的過去，如何奮鬥才有今日的成就。三時，服第三帖——「檢查你的動機」，他開始反省自己一直奮鬥最終的目標為何？基於什麼信念？爭取這些目標的動機為何？服務別人還是單為自己？至六時，打開第四帖藥是「將你的煩惱寫在沙上」，他執起樹枝不斷在沙上寫呀寫的，太陽下山了，潮水一漲，將他寫下的煩惱一一沖去。整個人忽然豁然開朗起來，果真藥到病除。

這四帖藥，不也是挺適合我們這些生活在勞碌繁忙生活的現代人嗎？

我們所處的世界正以高速向一個不可知的未來推進。政改普選前程未卜、生活指數的起跌動盪、政府各種政策的朝令夕改，各家各説的風起雲湧，均使我們疲於奔命，不知如何應對。我們忙、急、快，因為我們只重視成果而不重視過程，我們滿足於生命表面的虛浮與淺薄，而不細究其中的意義與深度。直至那一刻，安靜下來重新審視自己的生命，才像故事的主人翁般，驀然驚覺自己看似樣樣都有，其實一無所有（包括那所餘無幾的青春)。

但為什麼一定要等到那一刻，不能從現在開始呢？

要明白，只要我們仍不滿現狀，繼續追尋，生命才有更豐富、更具深度的可能。

生活中的「減法」

某日，心血來潮，把一日相對八小時以上的辦公室來一次大整理。書架、書桌移位了，舊書轉送他人，去掉了一大堆屯積已久的無用文件，添一盆長春藤。瞬眼間，空間開拓了，感覺煥然一新。

愈來愈覺得，人愈忙碌，就愈需要開拓自我的空間（居室的與心靈的）。

但一想到開拓，我們總習以為常地認為，只是換一個較大的環境，或讓自己忙至頭昏腦脹再放大假補充元氣之類，結果常是適得其反。面對之策，台灣學者曾昭旭有個好建議：實施生活中的「減法」。

怎麼「減」呢？就是不要儘往怎樣添置、擁有方面想，反而嘗試在生活的每一層面、每一項支出中學習「放下」——這本書一定得買嗎？這件衣服必要嗎？這個酒會一定得參加嗎？……認真想想，有很多事物、應酬，甚至機會都非必需的，只是我們一種慣性的執著和依賴。至於那些經過審視後發覺無用的東西（如家具、書本），可以毅然送給有需要的人。這樣，反而更可以發揮物件本身的用途（書有人讀，椅有人坐，花有人賞）。

待清理檢視後，你自然會發現，自我的世界突然變得寬廣了。有更多空間走動、思考，有更多餘閒關心自己摯愛的人，生命的留白處多了。

而忙碌人生最需要的，就是由這些空間所營造的一點從容而已。

內省

主持講座時，曾跟參加者玩過一個名為「先別看錶」的遊戲。

方法很簡單。先從公式算出你看錶的總次數，再在一分鐘限定時間內，根據記憶繪畫出所戴手錶的錶面。

結果證明，與手錶共對時間愈長的人，並不一定是把錶面畫得最細緻的那個。曾有一趟，一位參加者算出自己戴了十多年的手錶，看錶的總次數有三萬多，但畫錶面時，竟連分針秒針的模樣也不能辨。事後她笑言：「沒想到共對這麼久，我竟完全不知道它的面目！」

人對所戴的手錶如是，對許多耳聞目見的人事物亦然。有人稱之為「選擇性的忽視」。隨着年歲漸長，這種忽視也化成牢不可破的習慣。

明明眼前的鮮花吐艷欲滴，卻看不見；

明明人家三番四次交代的話，卻裝載不下；

明明眼前人熱淚盈眶，等待別人施予安慰，卻轉過頭去辦「更重要的事」；

又或者，面對接踵而來的衝擊突變，卻看不到出路；

厭倦了舊的、常的、熟悉的人事物，老想求一個突破，卻發覺仍在原地轉圈……

那準是心靈的鏡子蒙塵了，所以教人愈看愈模糊、愈看愈迷惑，不知所措，難定進退的當下，惟有以「麻木」招架。至一個地步，看見一家舉杯，也不會歡呼；看到摯愛的人在淌淚，也不會動容。心如死水，對什麼也無動於衷。

除非，我們在掉進這個去而難返的陷阱之前，學會內省，願意讓奔馳莽撞的心靜下來，為心靈的鏡子擦擦污垢。麻木的心靈，才有復甦的可能。

別把內省當作難事。那是咱們祖宗「吾日三省吾身」的智慧承傳。

「太忙了，哪有時間？」那可能是現代人的藉口。但愈把時間表填得滿滿的人，愈需要這樣一個洗心革腦的空間。

靜，才能思己過。

靜，才能見真我。

我總愛選起牀後與早餐前那二三十分鐘的時間，心裏數着一二三，把身體的不同部位收緊、放鬆，直至，心靈的內牆外幕那些嘈吵聲音都靜止了。那時，內心會有把微小的聲音，不斷發出問題：

你在這裏做什麼？

你的未來人生目標是什麼？你今日所作的，是否按着內心的

信念召喚而行？

你最在乎的人是誰？你有沒有好好對待他？

你的敵人是誰？為什麼他的一舉一動，都牽動着你的喜怒哀愁？你對他下的判語真的是全然準確嗎？還是遺漏些什麼重要的線索？

你的感覺如何？有否在麻木失覺間，出言不遜頂撞或傷害了誰？

你知道自己是誰嗎？有什麼優點值得欣賞，有何缺欠盲點需要改善？

這些問題，其實是幫我們正視眼見現實之外的更多可能。

有人喜歡在內省默想的時候，捧一本書，嘗試從前人的亮光啟示中，為心靈的迷路按圖索驥。就算《心靈雞湯》也好，《荒漠甘泉》也是，好找些安心立命的根據。我卻愛在《聖經》裏尋着繼往開來的智慧，成為我莽撞迷路的明燈，人生十字路上的曙光。

曾當過監獄徵文比賽的評判，十之八九囚友的文章都有一個共同的主旨——就是關到監房的斗室內，才會反省，才會覺悟前非。讀後，不禁黯然。

為什麼我們的教育制度只着重計算的技巧、語文的運用？獨沽一味地以成績汰弱留強，令「聰明」者愈精明、「愚蠢」者愈愚笨？「內省」一直是美國著名教育學者霍華德·嘉納（Howard Gardner）所提倡的十種智能之一，卻從沒得到決策者的重視。

我想起了K。想起了過去多年獄裏獄外的魚雁往還。他在信中多次提及犯事愧對慈母，懊悔萬分。我只好安慰他說：知錯了，便可以重新再來。

直至那日，他離開了那浪耗他青春生命的苦地了，返抵家門。驚見母親竟把他離家前的一衣一物，都用報紙包裹得好好的，原封不動。他邊拍打着報紙的塵沙，像撫摸着慈母十多年的眷念，硬錚錚的鐵漢，竟也淌下男兒淚。

我說好了好了，浪子終於徹頭徹尾地覺悟了。

那日重遇，只見他眼神裏多了一分亮采。大概是他步回正軌，面對嶄新開始的那份喜悅所煥發出來的。

是內省，賦予他向逆境絕望反撲的力量。

回復孩子的樣式

曾看過一齣電影《甜美生活》的試片，最撩動我心弦的，並非戲裏五位年輕人友情或愛情的糾糾纏纏，反而是女主角 Winnie 與太婆的一段祖孫情深。

演太婆的老婆婆瞇着眼睛的笑容，散發着天真爛漫。每趟祖孫相遇，二人都會臉貼臉地摟擁着聊天，婆婆告誡孫女別揀那些口音不正、心地不好的男孩，孫女唯唯諾諾，只緊緊貼着太婆的臉。祖孫之情，來得比情侶更濃烈溫馨。

年老的太婆愛孫兒買東西給她吃，也會開開孫兒玩笑。有趟便逗孫女的男友讀「雞」與「龜」，看看他有否「懶音」。太婆不懼面對死亡，還帶點興奮告訴孫女，她很快便會「飛」了。

戲裏的太婆，簡直是個活脱脱的大孩子，無憂無慮，靠着孫兒的肩膀，便得着了最大的滿足似的。至於戲外，現實生活中接觸不少上了年紀的老人家，更是如此：返老還童，活得精彩。

曾讀到美國心理學家約翰・布雷蕭（John Bradshaw）的舊作《走出成長的迷思：回歸內在》（*Homecoming: Reclaiming and Championing Your Inner Child*），文中提及九種有關孩子的特質，是成人世界裏早已被遺忘忽略的：驚訝、樂觀、純真、倚賴、真情流露、堅忍、自由自在、獨特、關愛。現略述如下：

驚訝：孩子對世界上所有事物都是感到新鮮、好奇的。看到好看的花，他會用鼻子去聞；看到可愛的動物，他會用手去摸；桌上有令人垂涎的食物，他會放在口中品嚐。世界上許多珍奇的事物，都會叫他讚歎稱奇。但成人呢，我們最近曾看過什麼事物令我們嘖嘖稱奇，「嘩！」「嘩！」不絕的讚歎——是某大商場？股市？白雲？日出？……

樂觀：孩子相信明天會更好，相信任何「不可能」的事都可以化作可能，相信人性的美善，相信一切在他周遭出現的人。

我試過興奮地告訴孩子：「高行健拿了諾貝爾文學獎，真是中國人的光榮。」豈料她只回了一句：「媽，為何不是你？」天啊！怎可能是我！孩子的心中，會寫文章的都可以當作家，也可以拿諾貝爾獎，一切都有可能！

純真：孩子都是天真無邪，直腸直肚，不會拐彎抹角的；倘若你那天穿得不三不四，他會直截了當說你「醜樣」。他們的口是「沒遮攔」的，他們的腿是「什麼禁區」也敢闖的。你叫他「別吃那麼多糖會長蛀牙」，他會趁你不在意時偷偷地吃。這種「偷吃」的習慣，也活躍於患糖尿病的老父生前，每趟被我逮着他吃甜點，他都會一臉無辜地說：「今天特別高興，所以吃點甜的。」後來始發覺，他天天都「特別高興」。然這種純真爛漫的個性，正是老人與小孩的魅力所在。

倚賴：小孩（尤其嬰孩）是沒有選擇的，事事都得仗賴大人的供應幫忙。人愈成熟，便愈覺得自己可以應付一切，不想（也不肯）勞煩他人幫忙。美國作家米奇·艾爾邦（Mitch Albom）記述他與瀕死的老教授對話的著作《最後十四堂星期二的課》（*Tuesdays with Morrie*）中，提及人在重病纏身時，會變得愈來愈需要他人的幫忙，包括由別人餵食、梳洗、如廁，恍如回到嬰孩階段。至此，他恍悟「人們有被需要的需要」這道理，一個人若肯接受幫忙，會令那幫助你的，有一種感到自己是「被需要」的滿足。換句話説，能「倚賴」，也是對他人一種幫忙。

真情流露：孩子愛哭便哭，愛笑便笑。不像成人，笑也要顧及儀態，要抿着嘴笑；流淚嘛，更是背着人才垂淚。

堅忍：孩子是最不怕失敗的。見過嬰兒學「轉身」或「爬行」的會知道，無論他跌過摔過多少次，他都不會放棄，努力踏出自己的「第一步」。

自由自在：孩子若覺得那地方安全，他會肆無忌憚地手舞足蹈，蹦跳起來。為什麼成人手腳舞動的姿態總是那麼呆板，了無生氣？

獨特：孩子好像都很知道自己是誰，很了解自己的需要。餓了便要吃奶，孤單了便哭着要人抱，拉了便喊着要換尿布。人愈長大，卻愈麻木，也愈變得莫知莫覺。

關愛：孩子最懂用身體語言去關心他人。見你神色不對，他會跑過來親親你，不會窮追猛打地問：「有什麼事不開心，快告訴我！」令人被那種「窺祕欲知」的心態逼得喘不過氣來。

專家說，成人世界裏，這九種特質早已蕩然無存，所以很多家庭，人際的問題湧現。惟有回復孩子的樣式，人才會回復生氣，變得活潑可親。而在這未回復與回復之間，就讓我們多親親孩子，親親老人家，好尋回那失落的……

我到底在這裏做什麼？

「我到底在這裏做什麼？ What am I doing here?」

在一次講座裏，我收到這樣一個問題。問者是一位白領，終日營營役役，有時忙得透不過氣，便會這樣質疑自己。提出問題，是想知道這樣的質疑是否合理。

我的回答，當然絕對「合理」。只有甘願在混混噩噩中過活的人，才會任由日子白過。肯提問自省，是一種良好的自我省察習慣，如一支探熱針，探測你對工作的熱忱與投入。倘若提問的次數愈多，回答也愈來愈惶然，失卻把握，就如臨盆婦人的陣痛般，愈見頻密難當，正是離職割裂的時辰。

人愈近中年，便愈容易生這般的追問：

我辛辛苦苦，勞碌了半生，為的到底是什麼？

我現在手所作的，是否我最想做的？

人生裏我覺得最快慰、最難忘的片段是什麼？裏面有否我現在工作的畫面呢？

倘若有日，我撒手塵寰，別人將會記起我的什麼？

我對未來還有什麼未完的夢，那又是什麼？

閱過多本有關「中年危機」的書，當中都提及人內心那「微小的聲音」——內在的召喚。終日被工作追趕得透不過氣的人，已被繁瑣的塵囂掩蓋了心中的召喚。除非人能回歸心靈，獨處靜候，才能在風中、樹中、鳥語中……聽到那微聲的呼喚，告訴你，明天，你要往哪裏去，圓一個怎樣的夢。而且極有可能，是你腦袋不曾想過，耳朵也不曾聽過的。

認識在北美大學當教授的S，早年求學工作都十分順遂，學校的學生也很欣賞敬仰他，學術的成就，備受推崇，本以為他會在學院的象牙塔裏度過無憂無慮的一生，孰知一趟遠赴蒙古教學的旅程，改變了他的下半生。蒙古青年的笑靨，燃起他年輕時服侍羣體的夢想。於是，毅然放下高薪厚職，跑到蒙古教學，過着啃羊肉、喝羊奶的日子。早一陣子再遇，我隱隱嗅到他好像多了一股羊羶味。看來，他早已陶醉於這下半生的荒漠行。

其實，也不是每一個人的下半生，都要有一種很偉大很無私的夢想。對某些人而言，可能只是一樣很簡單的期盼。比方說遊遊歐洲，學會做陶瓷，學開飛機，唸一個「中國文學」的學位，諸如此類。

一位快大學畢業的男孩子曾跟我說，他現在唸的商科並不是他最想唸的，只不過為了討生活。然後，他瞇着眼，語帶神祕地問：「若他日我不用憂柴憂米，賺了足夠的錢，你猜我想唸什麼？」我把中國文學、園藝、烹飪都猜過了，仍不得要領。最後，他揭盅：「是有關盜墓的歷史。」那豈不是當《奪寶奇兵》*(Raiders of the Lost Ark)* 裏的鍾斯博士？真是不可思議。他還洋洋灑灑向我數算古墓最多的地方是非洲、南美一帶，態度認真。我也相信，有一天他做了該做的事以後，便會當起鍾斯博士來。

然而，有些人卻沒有那麼幸運，終其一生，都是奔波勞碌，沒有一個空檔可以停下來，想想自己的下一步可以怎走，直至老死。

某日拜訪靈實醫院的善終服務，竟發現他們有這種「圓夢」計劃，就是讓病人在臨終前的日子，盡量完成他未了的心願。

醫院的壁報板上，貼上了許多圓夢者與護士笑意盈盈的合照，笑容中洋溢着幸福與滿足。負責人向我們解說：

「你別以為他們的夢想很難達到，其實都是很簡單，可能只是畫一幅畫，寫一下書法，彈一首琴。」

真好，彈一闋心曲，寫一幅好字，一生可以了無遺憾。盯着照片裏的笑容，我真的很羨慕他們。

恩，惠也，愛也，仁也，忠也。

感恩也。